ADOLPHE JOANNE

GÉOGRAPHIE

DES

ARDENNES

11 gravures et une carte

HACHETTE ET Cie

GÉOGRAPHIE

DU DÉPARTEMENT

DES ARDENNES

AVEC UNE CARTE COLORIÉE ET 11 GRAVURES

PAR

ADOLPHE JOANNE

AUTEUR DU DICTIONNAIRE GÉOGRAPHIQUE ET DE L'ITINÉRAIRE
GÉNÉRAL DE LA FRANCE

PARIS

LIBRAIRIE HACHETTE ET Cie

79, BOULEVARD SAINT-GERMAIN, 79

1881

TABLE DES MATIÈRES

DÉPARTEMENT DES ARDENNES.

LISTE DES GRAVURES

2114. — Typographie A. Lahure, rue de Fleurus, 9, à Paris.

DÉPARTEMENT

DES ARDENNES

I. — Nom, formation, situation, limites, superficie.

Le département des Ardennes doit son *nom* à l'immense forêt qui autrefois couvrait à peu près tout son territoire, et qui s'étend encore aujourd'hui sur toute sa région septentrionale.

Il a été *formé*, en 1790 : de 426,691 hectares de la **Champagne**, l'une des provinces dont se composait la France avant sa division en départements ; de 24,618 hectares de la Principauté de Sedan, qui relevait de cette province ; de 55,945 hectares empruntés à la **Picardie**, et de 19,581 pris au **Hainaut**.

Le département des Ardennes est *situé* dans la région du nord-est. Depuis la fatale guerre de 1870-1871, qui a fait perdre à la France l'Alsace et une partie de la Lorraine, il est séparé de l'Allemagne par la Meuse et par Meurthe-et-Moselle. Deux départements, l'Aisne et la Somme, le séparent de la Manche ; trois, la Marne, Seine-et-Marne et le Loiret, le séparent du Cher, département qui occupe assez exactement le centre de la France ; sept le séparent de l'océan Atlantique : Marne, Seine-et-Marne, Seine-et-Oise, Eure-et-Loir, Sarthe, Maine-et-Loire et Loire-Inférieure ; sept également le séparent de la Méditerranée : Marne, Aube, Côte-d'Or, Saône-et-Loire, Rhône, Ardèche et Gard. Enfin son chef-lieu, Mézières, est à 248 kilomètres au nord-est de Paris par le chemin de fer, et à 196 en ligne droite, à travers trois départements, Marne, Seine-et-Marne et Seine-et-Oise.

Le département des Ardennes est traversé, du nord au sud, un peu à l'ouest de Rethel, par le 2e degré est du méridien de Paris; dans le sens contraire, c'est-à-dire de l'ouest à l'est, il est coupé, dans sa partie septentrionale, près du chef-lieu de canton Fumay, par le 50e degré de latitude nord : il est donc un peu plus près du Pôle que de l'Équateur, que séparent 90 degrés ou un quart de cercle.

Il est *borné* : au nord-ouest et au nord-est, par la Belgique ; à l'est et au sud-est, par le département de la Meuse ; au sud, par celui de la Marne ; enfin, à l'ouest, par celui de l'Aisne.

Sa *superficie*, de 525,289 hectares, est inférieure de 100,000 hectares environ à la moyenne des départements français ; sous ce rapport, c'est le 68e département de la France ; en d'autres termes, 67 sont plus étendus.

Sa forme, dit M. I. Carré (*Petite géographie des Ardennes*), est assez irrégulière ; cependant il présenterait presque celle d'un quadrilatère à peu près régulier, incliné du nord-ouest au sud-est, si l'on en retranchait les cantons de Givet, au nord, et de Carignan, à l'est. Sa plus grande *longueur*, du nord au sud, de l'extrémité septentrionale du canton de Givet, frontière de la Belgique, à l'extrémité sud de la commune de Manre, canton de Monthois, est de 105 kilomètres. Sa plus grande *largeur*, de l'est à l'ouest, de la pointe de Margny à celle de Sévigny-Waleppe, est de 97 kilomètres. Son *pourtour* peut être évalué à 415 kilomètres.

II. — Physionomie générale.

Le département des Ardennes, d'après M. Élisée Reclus, peut être divisé en trois régions naturelles nettement indiquées par la constitution géologique du sol : au sud, s'étendent les plaines champenoises, de formation crétacée; au centre, les hauteurs jurassiques de l'Argonne, qui se reploient en demi-cercle jusque dans le haut bassin de l'Oise, tandis qu'au nord les plateaux schisteux et froids de l'Ardenne dominent de part et d'autre la profonde gorge de la Meuse.

Si du haut de la *Croix-Scaille*, la colline la plus élevée du département (504 mètres d'altitude), située au nord, sur la limite de la France et de la Belgique, la vue pouvait embrasser tout le territoire des Ardennes, ce pays apparaîtrait comme un vaste plateau, coupé, du nord au sud-est, par les deux longues vallées de la Meuse et de l'Aisne. Par une anomalie curieuse, la première de ces rivières se dirige en sens contraire de l'inclinaison générale du sol, en serpentant dans les tranchées profondes que ses eaux se sont ouvertes pour s'écouler vers le Rhin, à travers les plaines de la Belgique.

Dans la région méridionale du département, qui comprend la portion des arrondissements de Rethel et de Vouziers située sur la rive gauche de l'Aisne, s'étendent les plateaux crayeux appelés *monts de* **Champagne**, bien que leur altitude moyenne ne dépasse pas 125 mètres; leur point culminant (205 mètres) s'élève au sud des sources de la Retourne, près d'Orfeuil. De la *butte de Bourcq*, près de Vouziers, la vue embrasse plus de trente villages, et s'étend sur un vaste horizon. Ces plateaux, jadis peu fertiles, mais transformés depuis un demi-siècle par le travail intelligent des agriculteurs, sont en partie plantés de sapins dans les cantons de Machault, de Juniville et d'Asfeld; dans celui de Monthois, ils offrent çà et là des découpures, des dépressions, des falaises crayeuses.

La région centrale, comprise entre le cours de l'Aisne et celui de la Meuse, est traversée, du sud-est au nord-ouest, par une chaîne de collines, prolongement des **monts d'Argonne**, nom que porte plus spécialement le massif boisé compris entre l'Aisne et l'Aire, dans les départements de la Marne, de la Meuse et dans la partie de celui des Ardennes qui s'étend au sud du Chesne. Au delà de ce bourg, cette ligne de

crêtes, qui partage les eaux des bassins de la Meuse et de
l'Aisne, se prolonge jusqu'au delà de Marlemont et va se re-
lier aux plateaux de la Picardie. Dans le canton de Grandpré,
la gracieuse vallée de l'Aire, séparée de celle de l'Aisne par
des plateaux boisés, offre des paysages pittoresques, et le
sol y est plus accidenté que dans les cantons voisins de Buzancy, du Chesne et de Tourteron. A la hauteur d'Omont,
les inégalités du sol s'accentuent de nouveau, et des hauteurs
couronnées de bois traversent les cantons de Novion-Porcien
et de Signy-l'Abbaye. Vers Rumigny s'étend une série de
plateaux, dénudés pour la plupart, et au sud desquels se
dresse la butte de Marlemont, qui forme le nœud des collines
séparant les uns des autres les bassins de la Meuse, de l'Oise
et de l'Aisne. La région centrale du département, traversée,
du sud-est au nord-ouest, par le prolongement des monts
de l'Argonne, a ses points culminants entre la Bar, la Meuse
et les sources de la Vence. La colline la plus élevée de toute
cette région se dresse au sud de Sedan et n'atteint que 346
mètres.

Toute la partie septentrionale du département est formée
par un immense plateau connu sous le nom de **plateau des
Ardennes,** et divisé en plusieurs étages où se rencontrent des
landes recouvertes de bruyères, d'immenses forêts, et, çà et là,
des marais appelés *Fagnes,* qui se dessèchent parfois pour se
transformer en tourbières. Ces plateaux sont coupés, du nord
au sud et de l'est à l'ouest, par les profondes vallées de la
Meuse et de la Semoy, qui deviennent de véritables gorges, la
première à Laifour, où elle est resserrée entre des escarpe-
ments à pic de 270 mètres d'altitude, la seconde au Val-
Dieu, où les pitons décharnés des roches, se détachant vigou-
reusement en certains endroits sur la sombre verdure des
forêts, atteignent 280 mètres.

A l'ouest, ces plateaux sont continués par celui de Rocroi,
dont l'altitude est de 404 mètres au *Signal des Marquisades,*
et de 403 mètres au *bois de Fumay.* Le plateau de Rocroi, qui
présente de vastes espaces entièrement dénudés connus sous

le nom de *Rièzes*, et s'inclinant au sud, vers la vallée de la Sormonne, se prolonge vers le canton de Signy-le-Petit, où il est couvert, au nord, de forêts, tandis que vers le sud il est découpé par de nombreuses petites vallées.

Les cantons de Monthermé, de Fumay et de Givet, compris dans la pointe de territoire qui s'avance au cœur de la Belgique, sont les plus accidentés du département; ceux de Monthermé et de Fumay en sont les plus pittoresques. Les points les plus élevés de cette région sont : la Croix-Scaille (*V.* ci-dessus), à 8 kilomètres au nord des Hautes-Rivières; la bergerie des *Haies-d'Hargnies* (492 mètres); la *Haute-Butte* (491 mètres); la *Croix des Hauts-Butteaux* (490 mètres); la *Haute-Manise* (469 mètres), etc.; mais, au delà de Fumay, ces hauteurs s'abaissent rapidement dans le canton de Givet, où la forteresse de Charlemont n'est plus qu'à 215 mètres d'altitude.

III. — Cours d'eau.

Le territoire du département des Ardennes se divise assez également entre le bassin de la Seine et le bassin du Rhin; toutefois celui de la Seine est le plus étendu.

La ligne de partage des eaux qui sépare ces deux bassins commence à l'est du Gué d'Hossus, passe à l'extrémité nord-est du territoire de Signy-le-Petit, à Regniowez, Beaulieu, Auvillers-les-Forges, Foulzy, Girondelle, Blombay, Marlemont, Thin-le-Moûtier, Villers-le-Tourneur, Bouvellemont, Marquigny, au Chesne, aux Alleux, à Châtillon, traverse la forêt de Boult, passe au nord de Buzancy, à Nouart et à Andevanne. La région située à l'ouest de cette ligne envoie ses eaux à la Seine, soit directement par l'Oise, soit indirectement par l'Aisne, affluent important de cette rivière.

BASSIN DE LA SEINE. — La **Seine** est un des principaux fleuves de la France. Elle prend sa source dans le département de la Côte-d'Or, à 471 mètres au-dessus du niveau de la mer, et coule vers le nord-ouest, à travers neuf départements : la Côte-d'Or, l'Aube (à la limite nord de ce département, elle n'est plus qu'à 100 kilomètres des Ardennes; au delà elle s'en éloigne), la Marne, Seine-et-Marne, Seine-et-Oise, Seine, Eure, Seine-Inférieure et Calvados. Elle baigne Châtillon-sur-Seine, Troyes, Montereau, Melun, Paris, Rouen et tombe dans la Manche, entre Honfleur et le Havre, par un large estuaire qui, sur un point, atteint 10 kilomètres.

L'**Oise** est l'affluent le plus considérable de la Seine en aval de Paris ; son bassin est de 1,600,000 hectares, son débit de 50 mètres cubes par seconde à l'étiage et de 645 aux plus hautes eaux connues. Elle naît en Belgique, dans la province du Hainaut, au sud de la ville de Chimay. Après un cours de 17 kilomètres seulement, elle entre en France, où elle n'est plus qu'à 5 kilomètres de la limite du département des Ardennes ; elle traverse le département de l'Aisne, y baigne Guise et Chauny, s'y grossit de la Serre, passe dans le département de l'Oise, y arrose Compiègne et reçoit l'Aisne; entre dans Seine-et-Oise, où elle baigne Pontoise, et va se perdre dans la Seine (rive droite) au lieu nommé Fin-de-l'Oise, près de Conflans-Sainte-Honorine, au-dessus de Poissy. Son cours est de 500 kilomètres. L'Oise est navigable de Janville à la Seine, et, en amont, par son canal latéral. Son tirant d'eau est de 1 mètre 80 centimètres, assuré par onze écluses. Elle porte des bateaux de 150 à 250 tonnes.

Cette rivière, qui n'entre pas dans le département des Ardennes, ne reçoit que quelques cours d'eau qui le traversent ou qui y naissent, et qui débouchent tous par la rive gauche : ce sont le Gland, le Thon, la Serre, l'Aisne.

Le *Gland* (30 kilomètres) naît dans les Rièzes, à l'ouest de Rocroi, au pied d'une colline de 373 mètres. Il traverse cinq petits étangs, longe la forêt de Signy-le-Petit, baigne la Neuville-aux-Joûtes, et, peu après, sort du département des Ardennes pour entrer dans celui de l'Aisne et tomber dans l'Oise à Hirson. Le Gland reçoit, à Saint-Michel, l'*Artoise*, qui a sa source sur la limite des Ardennes, dans la forêt de Signy-le-

Petit, où elle limite le département sur un parcours de 8 kilomètres, et la *rivière des Champs*, dont l'origine est à l'est de Signy-le-Petit, et qui a une longueur de 21 kilomètres, dont 9 dans le département.

Le *Thon* ou *Ton* (40 kilomètres), qui a sa source au-dessus d'Antheny, arrose Bossus, Hannappes où il se grossit de l'*Aube* (45 kilomètres), née à Flaignes-les-Oliviers et qui passe à Rumigny. 500 mètres en aval du confluent de l'Aube, le Thon, après un parcours de 10 kilomètres dans le département des Ardennes, s'en éloigne pour entrer dans celui de l'Aisne, y arroser Aubenton et se jeter dans l'Oise à Étréaupont.

La *Serre* (104 kilomètres, dont 11 seulement dans les Ardennes) prend sa source à la Férée, longe la forêt de Trémonts, sort du département à Mainbresson, après lui avoir servi de limite sur un parcours de 2 kilomètres, entre dans l'Aisne, y baigne Rozoy et Montcornet où elle se grossit de l'*Hurlaut* (52 kilomètres, dont 18 dans les Ardennes), qui naît à Maranwez. La Serre quitte ensuite le département à Renneville, passe à Marle, et, grossie de trois cours d'eau, se réunit à l'Oise au-dessus de la Fère.

L'**Aisne** est une grande rivière, plus importante que l'Oise dont elle est le principal affluent et à laquelle elle porte, en temps de sécheresse exceptionnelle, 9 mètres cubes d'eau par seconde. Son cours est de 279 kilomètres, dont 108 dans le département des Ardennes. Elle prend ses sources dans l'ancienne Lorraine, sur le territoire de la Meuse, à Sommaisne, à 250 mètres d'altitude. Coulant en arc de cercle, d'abord vers le nord, puis vers le nord-ouest, puis vers l'ouest, l'Aisne arrose cinq départements : la Meuse, la Marne, les Ardennes, l'Aisne et l'Oise. Elle pénètre dans les Ardennes par 125 mètres d'altitude environ, à Condé-lès-Autry, y baigne un grand nombre de communes, parmi lesquelles Vouziers, Attigny, Rethel, Château-Porcien, où, cessant de courir vers l'ouest, elle se dirige vers le sud-ouest, arrose Asfeld et passe dans le département auquel elle donne son nom, à 1 kilomètre de Brienne, par 59 mètres d'altitude environ. Dans l'Aisne, elle baigne Neufchâtel, Vailly, où elle s'éloigne du canal de navigation qui longeait sa rive gauche depuis Vouziers, et, passant à Soissons, puis à Attigny, dans le département de l'Oise, tombe dans la rivière de ce nom à 1 kilomètre au-dessus de Compiègne. La navigation de l'Aisne a été supprimée depuis la création du canal latéral, dont la longueur est de 128 kilomètres de Condé-sous-Vailly à Vouziers.

Les affluents de l'Aisne, dans le département des Ardennes, sont : la Dormoise, l'Aire, l'Avegres, l'Indre, la Fournelle, la Loire, les ruisseaux de Saint-Lambert, de Migny et de Saulce, la Vaux, les ruisseaux de Saint-Fergeux, des Barres, la Retourne et l'Arne.

La *Dormoise* (rive gauche; 17 kilomètres, dont 2 dans le département), qui a sa source à Tahure (Marne), sert de limite aux Ardennes sur un parcours de près de 3 kilomètres, et se jette dans l'Aisne à 1 kilomètre au nord de Condé-lès-Autry.

. L'*Aire* (rive droite ; 125 kilomètres, dont 25 dans les Ardennes) a sa source près de Saint-Aubin, canton de Commercy (Meuse). Après avoir baigné un grand nombre de communes du département de la Meuse, entre autres Varennes-en-Argonne, elle entre dans le département des Ardennes, à l'est d'Apremont, par 148 mètres d'altitude, prête sa vallée au chemin de fer de Vouziers à Apremont, baigne Fléville, Grandpré, et se réunit à l'Aisne au sud de Termes, par 115 mètres. — Les affluents principaux de l'Aire sont : l'*Agron* (rive droite ; 20 kilomètres), qui naît dans le bois de Barricourt, reçoit la *fontaine du Gouffre*, le *Briquenay*, grossi d'une partie des eaux de la Bar, tributaire de la Meuse, fait mouvoir les usines de Champigneulle, et tombe dans l'Aire au-dessous de Saint-Juvin; — la *Louvière* (rive gauche), ruisseau qui vient du bois de Cornay et tombe dans l'Aire au hameau de Chevières; — le *Talmats*, qui naît dans le bois de Briquenay et a son embouchure au-dessus de Termes.

L'*Avegres* (rive gauche; 22 kilomètres) a sa source, sous le nom d'*Alin*, dans le vallon d'Aure, près du Signal de Somme-Py (Marne) ; il entre immédiatement dans les Ardennes, baigne

Vouziers.

Manre, Ardeuil, Challerange, et tombe dans l'Aisne à Brécy.

L'*Indre* (rive gauche; 10 kilomètres) naît au delà de Contreuve, et a son embouchure en face de Falaise.

La *Fournelle* (rive droite; 15 kilomètres) descend de hauteurs à l'ouest de Belleville, traverse Noirval, Quatre-Champs, Ballay et a son embouchure au moulin de Toupet.

La *Loire* (rive gauche; 9 kilomètres) vient de Coulommes et rejoint l'Aisne à Voncq.

Les *ruisseaux de Saint-Lambert*, *de Migny*, *de Saulces* rejoignent l'Aisne, le premier à Attigny, les suivants à Givry et à Biernes.

La *Vaux* (rive droite; 55 kilomètres) sort des belles sources de Gibergeon, dans les collines de la forêt de Signy, se grossit du *Plumion* au sud d'Inaumont, fait mouvoir les filatures de Lalobbe et de Wasigny et se jette dans l'Aisne entre Baroy et Château-Porcien.

Les *ruisseaux de Saint-Fergeux* et *des Barres* rencontrent l'Aisne, l'un à Condé-lès-Herpy, l'autre à l'est de Juzancourt.

La *Retourne* (rive gauche; 48 kilomètres) a sa source près de Dricourt (canton de Machault), baigne douze communes, entre autres Juniville et le Châtelet-sur-Retourne où elle est croisée par le chemin de fer de Reims à Mézières, et tombe dans l'Aisne à Brienne.

L'*Arne*, qui naît au-dessus de Saint-Étienne, à Arne, n'est pas un tributaire direct de l'Aisne; il s'y jette avec la *Suippe*; qui le reçoit à Bétheniville (Marne), après un cours de 11 kilomètres, dont 9 dans le département des Ardennes.

BASSIN DU RHIN. — Le **Rhin**, qui aujourd'hui ne baigne plus le territoire de la France, est un des plus beaux fleuves de l'Europe. Long de 1,320 kilomètres, dans un bassin d'environ 25 millions d'hectares, il roule en moyenne 1,728 mètres cubes d'eau par seconde. Né en Suisse, dans les montagnes des Grisons, voisines du massif du Saint-Gothard, élevé de plus de 3,000 mètres, il traverse le lac de Constance, forme la célèbre cataracte de Schaffhouse, haute de 20 mètres, cô-

Mézières.

toie l'Alsace, puis traverse l'Allemagne. Il laisse à 6 kilomètres à gauche Strasbourg, baigne Mayence, Coblentz, Cologne, puis, entrant en Hollande, il y confond ses bras avec ceux de son tributaire la Meuse et se perd dans la mer du Nord.

C'est par la Meuse que le Rhin reçoit les eaux de la partie orientale du département des Ardennes.

La **Meuse**, généralement considérée comme un fleuve, n'est en réalité qu'un grand tributaire du Rhin. Toutefois les diverses embouchures communes à ces deux fleuves portent le nom de bouches de la Meuse. Son cours est de 893 kilomètres dans un bassin de 750,000 hectares; sa masse d'eau, lorsqu'elle rencontre le Rhin, est incomparablement inférieure à celle de ce fleuve; sa largeur varie entre 80 et 150 mètres. A sa sortie de la France, après un cours sinueux de près de 500 kilomètres, dont environ 161 dans le département des Ardennes où elle décrit d'innombrables détours, elle roule, à l'étiage, 27 mètres cubes d'eau par seconde et 600 dans les grandes crues.

La Meuse sort d'une fontaine du département de la Haute-Marne, à Pouilly, par 409 mètres d'altitude. Ses eaux se perdent en été dans les fissures de son lit aux environs de Bazoilles (Vosges). Elle baigne, dans le département des Vosges, Neufchâteau, le village de Domremy, immortalisé par Jeanne d'Arc, qui y est née; puis elle passe dans le département auquel elle donne son nom. Là, cessant de couler du sud au nord pour se diriger vers l'ouest, elle longe le chemin de fer de Bar-le-Duc à Toul, le croise à Sorcy et, reprenant ensuite sa direction première, arrose Commercy, Verdun et pénètre dans les Ardennes près de Létanne, par 162 mètres d'altitude. Elle sert de limite au département sur un parcours de 3 kilomètres; longée tantôt sur une rive, tantôt sur l'autre par le chemin de fer de Sedan à Lérouville, elle y décrit de grands détours, baigne Mouzon, Remilly, Sedan, Donchery, Lumes, Mézières, Warcq, Charleville; serpente au fond de gorges étroites dont les parois rocheuses atteignent parfois 200 mètres d'altitude; arrose Nouzon, Monthermé, Fumay,

. Charleville.

Givet, au delà duquel, par 100 mètres d'altitude, elle pénètre dans la Belgique, où elle reçoit la Sambre à Namur,
l'Ourthe à Liége, passe à Maestricht et tombe dans les bras
du Rhin, le Wahal et le Lech.

La Meuse est navigable de Verdun à la mer, sur un parcours de 574 kilomètres, dont 262 en France et 152 seulement
dans les Ardennes où la navigation est abrégée par cinq *canaux :*
1° en aval de Sedan, celui *de Villette,* long de 1,700 mètres et
qui rachète un détour de 8 kilomètres ; 2° celui *de Warcq,* long
de 600 mètres et rachetant 6 kilomètres ; 3° celui *de Charleville à Montcy-Notre-Dame,* long de 550 mètres et qui abrège la
navigation de 4,450 mètres ; 4° celui *de Revin,* long de 550
mètres et qui évite un détour de 5 kil. ; 5° celui *de Ham,* long
de 2 kilomètres et qui abrège la navigation de 11 kilomètres.

La pente de la Meuse, de Verdun à la frontière des Ardennes, est de 41 centimètres par kilomètre, et, au delà, de
25 centimètres jusqu'à la Semoy, de 52 jusqu'à son entrée en Belgique. Le tirant d'eau, de Verdun à Sedan, est
de 35 à 40 centimètres et, en aval, de 60. La charge moyenne
des bateaux est de 35 à 40 tonnes depuis Verdun, et de
100 à 125 au delà de Sedan. Plus de la moitié de ces bateaux
transportent de la houille.

Les cours d'eau que la Meuse reçoit dans le département
des Ardennes sont : la Wiseppe, la Wamme, la Chiers, la Givonne, la Vrigne, la Bar, la Vence, la Sormoune, la Goutelle,
la Semoy, le ruisseau de Faux, la Manise, l'Alise, le Viroin
et la Houille.

La *Wiseppe* (rive g. ; 16 kilomètres, dont 7 seulement dans le
département) naît dans le bois de Barricourt, à l'est de Buzancy,
baigne Nouart, quitte les Ardennes aux forges de Meaucourt, arrose Wiseppe, et se jette dans la Meuse en face de Stenay.

La *Wamme* (rive gauche ; 11 kilomètres), qui a sa source
au sud de Vaux-en-Dieulet, limite le département, avec le
ruisseau le *Tortu,* son affluent, sur un parcours de 7 kilomètres, et rejoint la Meuse au sud de Létanne.

La *Chiers* (rive droite ; 112 kilomètres, dont 32 dans le

Givet.

département) naît dans le Luxembourg hollandais, où elle porte d'abord le nom de *Korn*. Elle entre dans Meurthe-et-Moselle au-dessus de Mont-Saint-Martin, baigne Longwy, coule dans une vallée de 100 à 150 mètres de profondeur, arrose Longuyon, entre dans le département de la Meuse, prête sa vallée au chemin de fer de Sedan à Thionville, traverse Montmédy, et, décrivant de nombreux détours tout en se dirigeant toujours vers le nord-ouest, entre dans les Ardennes, par 173 mètres d'altitude, s'y grossit de la *Marche* (rive droite; 17 kilomètres, dont 6 dans les Ardennes et 7 servant de limite à ce département), qui sort, dans le Luxembourg belge, des étangs situés au nord de la forge de Lasoie, entre en France, arrose Moiry et Margut, en aval duquel elle tombe dans la Chiers. Grossie de la Marche, la Chiers baigne Fromy, Linay, Blagny, Carignan, reçoit les ruisseaux de *Launoy*, de *Pouru*, de *Magne*, de *Rulle*, qui descendent des bois s'étendant sur la frontière, et tombe dans la Meuse presque en face de Remilly, par 160 mètres. La Chiers est classée comme navigable de la Ferté à son embouchure (36 kilomètres), mais elle ne l'est en réalité que depuis Brévilly (10 kilomètres). Pente, 40 centimètres par kilomètre; tirant d'eau, à l'étiage, 50 centimètres.

La *Givonne* (rive droite; 15 kilomètres), qui a sa source dans le bois de Sedan, arrose Givonne, Daigny, la Moncelle et Bazeilles, où elle rejoint la Meuse.

La *Vrigne* (rive droite; 14 kilomètres) descend directement des bois communaux, au nord, passe à Vrigne-au-Bois et tombe dans la Meuse à Vrigne-Meuse.

La *Bar* (rive gauche; 60 kilomètres) a sa source dans le canton de Buzancy, à la *Fontaine-qui-Bruit*, source abondante dont une partie a été détournée vers l'Agron, affluent de l'Aisne. La Bar baigne Brieulles, puis Pont-Bar, où elle reçoit le *ruisseau des Prés* qui traverse l'étang de *Bairon*; passe à l'ouest de Tannay, se rapproche du canal des Ardennes pour le suivre jusqu'à son embouchure, arrose Malmy, et Omicourt, contourne le bois de la Queue, baigne Saint-

Aignan, Villers et rejoint la Meuse à Pont-à-Bar, un peu au-dessous de l'embouchure de la Vrigne.

La *Vence* (rive gauche; 52 kilomètres) naît à la ferme de la Pérouzelle, au nord de Launois ; après avoir baigné ce village, elle prête, jusqu'à son embouchure, sa vallée au chemin de fer de Reims à Mézières, passe à Poix, à Boulzicourt, et rejoint la Meuse à Mohon, après avoir mis en mouvement les forges de Guignicourt, les filatures de Boulzicourt, les forges de Mohon et la poudrerie de Saint-Ponce.

La *Sormonne* (rive gauche; 40 kilomètres) a sa source dans la commune de Regniowez, au lieu dit les *Censes Nic Meunier;* elle reçoit : le *ruisseau de la Verge,* en amont d'Étalle ; la *Sauldry,* à Chilly ; la *Richolle,* au Châtelet ; l'*Audry,* après avoir baigné Sormonne ; l'*Ormeau,* à Ham-les-Moines ; le *Thin,* à Haudrecy, et enfin le *ruisseau de Neuville,* à Warcq, où elle tombe dans la Meuse.

La *Goutelle* (rive droite; 11 kilomètres, dont 10 dans le département) naît entre Sugny et Bagimont (Belgique), sert de limite au département des Ardennes, baigne Gespunsart, Neufmanil, et rejoint la Meuse à Nouzon.

La *Semoy* (rive droite; 165 kilomètres, dont 22 dans le département), rivière aux eaux limpides et au cours extrêmement sinueux, naît au pied des monts d'Arlon (Luxembourg belge). Elle arrose Chiry et Bouillon, serpente dans une vallée qui offre des rochers pittoresques, entre en France, dans le département des Ardennes, après l'avoir limité sur un parcours de près de 5 kilomètres, y baigne les Hautes-Rivières, Thilay, Haulmé et Tournavaux, coule ensuite dans la gorge la plus pittoresque des Ardennes, formée par des rochers à pic hauts de 280 mètres au-dessus du lit de la rivière, et se jette dans la Meuse en amont de Monthermé.

Le *ruisseau de Faux* (rive gauche; 10 kilomètres) descend des pentes sud-est de Rocroi, par la pittoresque vallée de Misère, et se perd dans la Meuse à l'ouest de Revin.

La *Manise* (rive droite ; 9 kilomètres) descend du haut sommet de la bergerie des Haies-d'Hargnies, coupe le chemin de fer de Mézières à Givet, et tombe immédiatement dans la Meuse au-dessous de Revin.

L'*Alise* (rive gauche; 8 kilomètres) naît en Belgique, qu'elle sépare du département des Ardennes sur un parcours de 7 kilomètres, et rejoint la Meuse à Fumay.

Le *Viroin* (rive gauche; 68 kilomètres) a sa source, sous le nom d'*Eau-Noire*, au Petit-Gué-d'Hossus, au nord de Rocroi. Après avoir servi de limite au département, il passe en Belgique, où il met en mouvement des forges importantes, entre dans les Ardennes, se grossit de la *Dluve* qui naît près d'Oignie (Belgique), limite le département, et se jette dans la Meuse à Vireux-Molhain.

La *Houille* (rive droite; 25 kilomètres) a sa source au pied des hauteurs des Haies-d'Hargnies, sert sur presque toute la longueur de son cours de limite entre le département des Ardennes et la Belgique, se grossit d'un ruisseau belge qui porte aussi le nom de Houille, et tombe dans la Meuse à Givet.

Lacs et étangs. — Il n'existe qu'un lac dans le département, si toutefois on peut donner le nom de lac à une nappe, d'eau d'une aussi faible étendue : c'est le *lac de la Fosse-aux-Mortiers* (1 hectare), près de Signy-l'Abbaye, très profond et sans écoulement apparent. Il n'existe pas dans le département d'autre *étang* que celui *de Bairon*, qui alimente le canal des Ardennes dans sa partie la plus élevée; mais on rencontre de nombreux *marais* sur les plateaux de l'arrondissement de Rocroi.

Canaux. — Le **canal des Ardennes**, achevé en 1835, réunit la Seine au Rhin, par l'Aisne et la Meuse. Son origine est à Pont-à-Bar, en aval du confluent de la Bar, qui l'alimente. Il passe au Chesne, où il est à 17^m,15 au-dessus de la Meuse (cette différence de niveau est rachetée par sept écluses), reçoit l'écoulement de l'étang de Bairon (*V.* ci-dessus), descend vers l'Aisne à Semuy, par une pente de 79^m,10, rachetée par vingt-six écluses, franchit l'Aisne, envoie un embranchement de 12 kilomètres à Vouziers, devient un canal latéral de l'Aisne, quitte le département des Ardennes près de Neufchâtel (Aisne) après un parcours d'environ 96 kilomètres, et se prolonge jusqu'à Condé-sur-Aisne.

Les autres canaux, au nombre de cinq, ont été creusés pour abréger la navigation de la Meuse (*V*. p. 16).

IV. — Climat.

Par sa latitude (49e degré), le département des Ardennes est situé sur la limite de la zone tempérée et appartient même à la zone froide, car il est plus près du Pôle que de l'Équateur. Son climat n'est pas uniforme : les parties méridionale et occidentale de son territoire peuvent être comprises dans le climat *séquanien*, tandis que ses plateaux et la région montueuse du nord appartiennent au climat *vosgien*, deux des sept climats entre lesquels on a l'habitude de diviser la France.

Le climat séquanien a en moyenne des hivers doux, des printemps variables, des étés chauds, de fort beaux automnes. Sous le régime de ce climat, le thermomètre dépasse rarement 35 degrés, rarement aussi il descend au-dessous de 15 ou 17. Le climat *vosgien*, qui, avec le climat auvergnat, est le plus rude de notre pays, a une température moyenne annuelle de 9°,6 au lieu de 10°,6, qui est la moyenne de Paris. Le thermomètre descend parfois à 25 et 26 degrés au-dessous de zéro ; le 10 décembre 1879, il a atteint à Charleville 28° et à Poix 32°. Le nombre moyen des jours de gelée est de 86.

La hauteur de la nappe d'eau, neige ou pluie, qui tombe sur le sol du département est d'environ 77 centimètres par an : c'est la moyenne de la France entière.

V. — Curiosités naturelles.

Le département des Ardennes possède de belles sources, parmi lesquelles on peut citer surtout celles de l'*Audry* à Aubigny et celles de la *Vaux* à Signy-l'Abbaye, un lac appelé la *Fosse-aux-Mortiers*, quelques sources d'eau minérale (*V.* le chap. XI), et une *fontaine intermittente* à Chémery. Les *grottes* y sont rares ; cependant il en existe une à Fromelennes, dont l'accès est difficile et qui est très profonde ; une autre, située à Condé-lès-Autry, n'a pas été explorée. La plus importante des rares *cascades* que possède le département est celle de *Laifour*, alimentée par une source minérale, et qui n'a pas plus de 10 mètres de hauteur.

Les véritables curiosités naturelles du pays, celles du moins qui méritent réellement leur réputation, sont, sur les bords de la Meuse, les sites grandioses de *Laifour*, les *Dames-de-Meuse*, et les magnifiques rochers qui encaissent le cours profond et sinueux de la Semoy, dans le nord du département.

VI. — Histoire.

Avant la conquête de la Gaule par les Romains, une forêt immense qui, selon un auteur du temps, avait plus de cent lieues de longueur, et qui, vers le sud, venait se confondre avec les forêts de Compiègne et de Senlis, couvrait tout le territoire qui a formé le département des Ardennes. Les Romains n'ont donné aucun nom à ces contrées boisées, où se dressent les collines de l'Argonne.

Les tribus qui habitaient ces sombres forêts, que les croyances superstitieuses de cette époque peuplaient d'êtres fantastiques et terribles, paraissent, comme les *Rémois* ou *Rêmes*, leurs voisins, avoir fait partie de la grande famille belge.

D'après M. Desjardins (*Géographie de la Gaule romaine*), le nord de cette région a été habité par les *Eburones*, qui, s'étant fondus avec les *Aduatuci*, avaient formé ensemble une seule cité. Les *Condursi* habitaient la rive droite de la Meuse; ainsi que les *Segni* leurs voisins, ils étaient les clients des *Treveri*, qui occupaient les deux rives de la Moselle jusqu'au Rhin. Cette contrée, quarante-quatre ans avant notre ère, n'était pas inconnue des Romains, qui naviguaient déjà sur la Meuse (*Mosa*) à cette époque.

Le Druidisme n'a laissé aucune trace dans ces forêts profondes; et, en fait de monuments mégalithiques, si nombreux dans l'ouest et le centre de la France, on ne peut signaler que la *Table de Maugis*, pierre carrée que l'on voit à Château-Regnault.

Si, comme leurs voisins, les *Remi*, les peuples qui habitaient cette région ne furent pas les alliés des Romains, ils ne paraissent pas leur avoir jamais opposé une résistance sérieuse. Ils ne prirent aucune part à la guerre de l'Indépendance et ne se laissèrent pas entraîner par les Sénonais dans la prise d'armes de Vindex.

Si, après la conquête définitive de la Gaule, les Romains n'ont pas fondé des villes dans les Ardennes comme presque sur tous les autres points de ce vaste territoire, ils y ont néanmoins tracé des routes, construit des chaussées (celle de Warcq) et créé, dans les principales vallées, d'importants établissements, où ils fabriquaient des boucliers et des machines de guerre.

Près d'un siècle après l'apparition du christianisme dans cette région, les Barbares, une première fois repoussés par Probus, furent de nouveau (356) rejetés au delà du Rhin par Julien, nommé empereur en 360. Jovin les battit de nouveau à Châlons (366); mais, en 406, le torrent des envahisseurs devint irrésistible. Les Francs parvinrent à se fixer en Gaule et, sous la direction d'Aétius, secondés par les Wisigoths et les Burgondes, ils anéantirent, près de Châlons-sur-Marne, les hordes d'Attila.

Après avoir aidé les Romains à les débarrasser d'Attila, les Francs sous la conduite d'un chef audacieux, Clovis, chassèrent les Romains du Soissonnais et d'une partie de la Champagne, et s'y établirent.

A la mort de Clovis, en 511, le territoire du département des Ardennes fut compris dans le royaume d'Austrasie; et, malgré les guerres presque continuelles avec la Neustrie que suscita la rivalité de Brunehaut et de Frédégonde, le pays se peupla, les hameaux, les villes s'élevèrent auprès des abbayes fondées par la piété des seigneurs ou par les évêques. La ville de Mouzon (*Mosomagus*), la plus ancienne probablement de la contrée, avait été donnée par Clovis à saint Remi, évêque de Reims, qui l'avait baptisé. La ville de Rethel, même un siècle plus tard, était loin d'avoir de l'importance, lorsque le père et la mère de saint Arnould, évêque de Metz, donnèrent ce bourg, les terres qu'ils y possédaient, et Château-Porcien (*Castrum Porcianum*) à leur fils, dont la puissance, à partir de cette cession, grandit de jour en jour.

La Champagne, gouvernée, depuis l'époque où Pépin d'Héristal remporta sur les Neustriens la victoire de Testry (687), d'abord par des comtes amovibles, puis, à la chute de la monarchie carlovingienne, par des comtes héréditaires, fut profondément troublée par la rivalité de Charles le Chauve et de Louis le Germanique. C'est dans le palais d'*Archis*, autour duquel devait s'élever plus tard Charleville, que Charles le Chauve signa un traité d'alliance avec son neveu Lothaire, dans le but de résister à son frère Louis le Germanique, qui néanmoins parvint à se faire sacrer roi de France à Sens; mais le nouveau roi ne conserva pas longtemps son titre, car, Charles étant parvenu à lever une armée, Louis dut fuir et renoncer au trône qu'il ambitionnait.

Sous le règne de Charles le Chauve, une diète fut convoquée à Mouzon, pour régler la question du mariage de Lothaire, et le palais d'Archis fut cédé par ce prince aux évêques de Liége.

Les Normands, que Charlemagne avait pu voir, sur la fin de son règne, remonter audacieusement les fleuves de son empire, multipliaient leurs excursions dévastatrices. Ils pénétraient dans la Meuse, dans l'Aisne, et s'avançaient ainsi jusqu'au cœur de la Champagne. Ils brûlaient le château de Mouzon, rebâti par l'évêque de Reims, et menaçaient Douzy, qui, de même qu'Attigny, eut l'honneur de voir plusieurs conciles s'assembler dans ses murs pendant les huitième et neuvième siècles, et de servir de résidence aux rois de la première et de la deuxième race.

Les seigneurs profitaient de l'affaiblissement du pouvoir royal pour s'affranchir de la tutelle de leurs suzerains et les tenir en échec ; ainsi se forma la maison des comtes de Vermandois, premiers seigneurs de la Champagne.

La ville de *Rethel*, qui relevait de l'évêché de Reims, ayant été donnée par l'évêque Adalbéron à l'abbaye de Saint-Remi, les moines s'adressèrent au frère du comte de Château-Porcien pour défendre, en qualité d'*avoué*, leur domaine temporel. Il accepta, mais il ne tarda pas à prendre le titre de comte et à se rendre indépendant.

Le premier comte de Rethel fut Manassés Ier, qui soutint l'archevêque de Reims, Arnold, dans sa lutte contre Hugues Capet. Son successeur, Manassés II, réunit à ses domaines le comté de Porcien et les bourgs de Sainte-Ménehould et de Stenay. Son fils, Hugues Ier, se vit enlever, par l'évêque de Verdun, les conquêtes de son père, et fut excommunié par l'archevêque de Reims, à cause de ses démêlés avec les moines de Saint-Remi.

Dans la Champagne, la maison de Blois remplaçait les comtes de Vermandois. Cette maison, plus célèbre que la première, eut pour premier comte Eudes (1019), à qui succédèrent : Étienne II, qui eut souvent à lutter contre le roi de France Henri Ier ; Thibault Ier, qui prit le titre ancien de palatin ; Henri, dit Étienne, qui prit part à la première croisade, et Hugues Ier, frère du précédent, qui, partant pour la Terre-Sainte, vendit son comté de Champagne à son neveu Thibault II.

Le roi Louis VI (le Gros) rassembla dans le comté de Thibault II une nombreuse armée, avec laquelle il se proposait d'attaquer l'empereur Henri V d'Allemagne ; mais ce prince qui, en 1119, avait eu une entrevue à Mouzon avec le pape Calixte, ne jugeant pas prudent d'attendre son adversaire, se retira sans combattre. A Thibault II succédèrent : Thibault le Large ; Henri II, qui suivit Philippe Auguste en Palestine et devint roi de Jérusalem ; enfin Thibault III et le célèbre Thibault IV. Ce dernier, qui assiégea Avignon avec Louis VIII,

abandonna ce prince pour rentrer en Champagne, parvint à
dissoudre la coalition formée contre la régente, Blanche de
Castille, par les hauts barons jaloux de l'autorité royale, eut
à lutter contre ceux dont il avait entravé les projets ambi-
tieux, hérita du royaume de Navarre et mourut en 1253, lais-
sant un nom célèbre, grâce à ses poésies qui l'ont placé à
la tête de nos vieux *trouvères*.

A Thibault IV succédèrent Thibault V, puis Henri III, qui ne
laissa qu'une fille, Jeanne, dont le mariage avec Philippe de
France (1284), fils de Philippe le Hardi, amena la réunion de
la Champagne et de la Navarre à la Couronne. Si la province
de Champagne peut s'honorer d'avoir eu pour suzerain le
comte Thibault IV, le comté de Rethel, à plus juste titre
encore, peut être fier d'avoir eu pour seigneur Hugues II, qui
fut, ainsi que le dit Pierre Camart, « grand amateur du soula-
gement des peuples. » C'est à lui que la ville de Mézières doit
son prompt accroissement après la bataille de Bouvines (1214),
car il accorda de nombreux privilèges aux émigrants liégeois
qui, fuyant la vengeance de l'empereur Othon, vinrent s'y éta-
blir. C'est à lui aussi que Rethel doit son hôtel-Dieu. Enfin il
fonda l'abbaye d'Élan, qui servit de sépulture aux membres de
sa famille. Le comté de Rethel appartint ensuite aux comtes
de Flandre (1277), puis aux ducs de Bourgogne, à Odet de
Foix, qui fut maréchal de France, puis à Guy de Laval, et,
en dernier lieu (1565), à Louis de Gonzague, fils du duc de
Mantoue, qui, par son mariage avec Henriette, fille du duc
François de Nevers, réunit à ses domaines le comté de Rethel.
Le dernier duc de Rethelois, de la maison de Gonzague, fut
Charles III, qui vendit ses seigneuries au cardinal Mazarin.
Mazarin céda à Armand de la Porte de la Meilleraye le Rethe-
lois, qui passa ensuite dans la maison de Durfort-Duras, où il
resta jusqu'en 1789.

La *principauté de Sedan*, illustrée par les seigneurs de la
Marck et par les princes de la maison de la Tour-d'Auvergne,
a une histoire plus mouvementée, plus intéressante encore
que celle du comté de Rethel. Au quinzième siècle, Sedan n'é-

Sedan.

tait encore qu'une *avouerie* dépendant des abbés de Mouzon.
Les évêques de Liége et de Reims se disputèrent pendant longtemps la possession de son territoire. L'évêque de Liége, Al-
béron, qui avait acheté la seigneurie de Bouillon, voulant re-
culer ses frontières aux dépens de l'archevêque de Reims,
après avoir été battu à Villers-Cernay, assiégea vainement
Douzy. La lutte se termina par un traité (1260) qui laissa in-
divis, entre ces deux prélats, les territoires de Sedan et de
Douzy. Gérard de Jausse, avoué de Sedan, s'affranchit de la
suzeraineté des abbés de Mouzon, et sa fille porta en dot cette
ville à Hugues de Barbançon. Charles V, par suite d'un
échange, réunit à la Couronne Sedan et l'abbaye de Mouzon.
La ville de Sedan ayant été cédée par Charles VI à Guillaume
de Braquemont, le fils de ce dernier la vendit (1424) à
Évrard III de la Marck, dont les descendants se signalèrent
dans les guerres des quinzième et seizième siècles. Jean, fils
d'Évrard, fortifia Sedan; son héritier, Robert, et ses trois
frères, parmi lesquels Guillaume, baron de Lunain, sur-
nommé le *Sanglier des Ardennes*, se signalèrent par des faits
d'armes et par leur cruauté. Toujours en guerre, tantôt contre
l'évêque de Liége, tantôt contre la Bourgogne, Guillaume parvint à se faire céder le duché de Bouillon ; mais, attiré par trahison à Maestricht, il fut décapité par ordre de l'empereur. Les
La Marck, avec l'aide de Charles VIII, vengèrent la mort de leur
frère, parvinrent à affranchir la principauté de Sedan et acquirent
définitivement le duché de Bouillon. Robert II contribua à l'é-
lection de Charles Quint ; mais son fils, Fleuranges, resta
fidèle à la France, et fut fait prisonnier à la bataille de Pa-
vie. Sedan fut érigé en souveraineté sous Robert IV, et Henri-
Robert, qui lui succéda (1555), ayant embrassé le protestan-
tisme, ouvrit la ville aux religionnaires persécutés. De cette
époque date l'agrandissement de cette cité et l'essor imprimé à
son industrie. Henri-Robert, dont on ne saurait trop honorer le
caractère, mit en pratique dans ses domaines une foule de
réformes que, plus de deux siècles plus tard, l'Assemblée con-
stituante appliquait à la France. Il établissait l'égalité devant

la loi, instituait les *Hauts* et *Grands-Jours*, assemblées solennelles présidées par le prince, et composées de tous les hommes qui remplissaient une fonction publique. Devant cette assemblée, tous les sujets du prince pouvaient demander justice des malversations, des actes arbitraires dont les dépositaires du pouvoir s'étaient rendus coupables envers eux. Il abolissait en outre la confiscation des biens des coupables de crimes de lèse-majesté, organisait une police sérieuse et armait la garde bourgeoise. A la mort d'Henri-Robert, Françoise de Bourbon, sa veuve, continua l'œuvre de son époux : la liberté de conscience fut respectée, un hôtel des monnaies fut créé à Sedan, et Guillaume-Robert, à sa majorité, reçut des mains de sa mère le gouvernement de la principauté, qui était plus florissante encore que ne l'avait laissée son père. Tandis que les protestants étaient persécutés et proscrits dans toute la France, la principauté de Sedan, libre et tranquille, prospérait sous ses princes hérétiques, et son territoire n'était pas ravagé par la guerre civile, attisée par le fanatisme religieux dans les pays voisins. Malheureusement cette prospérité eut un terme. La principauté fut envahie, pillée, dévastée par les ducs de Lorraine et de Guise. La ville de Mézières fut prise et Sedan assiégé. Cependant Guise battu au Bois-Chevalier, près de Givonne, par Guillaume-Robert, se vit bientôt contraint de lever le siège. Guillaume-Robert, allié d'Henri IV, envahit alors la Lorraine et trouva la mort dans cette campagne. Avec lui s'éteignit la maison de La Marck.

Pendant la minorité de Charlotte de La Marck, le célèbre La Noüe gouverna la principauté en qualité de lieutenant général et battit les Espagnols à Douzy. Charlotte épousa Henri de La Tour-d'Auvergne, vicomte de Turenne et duc de Bouillon, qui, la nuit même de ses noces, s'empara de la ville de Stenay. En apprenant ce fait d'armes, Henri IV s'écria : « Ventre saint-gris ! je serais bientôt maître de mon royaume, si les nouveaux mariés me faisaient de pareils présents de noce ! » Après la conversion d'Henri IV, le duc de Bouillon, convaincu de trahison, dut se réfugier à Genève.

Gracié par Henri IV, il mourut à Sedan en 1623. Son fils aîné, Frédéric Maurice, duc de Bouillon, imitant l'exemple donné par son père, conspira contre le roi avec le comte de Soissons, et vainquit les troupes royales à la bataille de la Marfée (1641); mais, étant entré plus tard dans la conspiration de Cinq-Mars, il n'échappa à une condamnation à mort qu'en cédant ses états à la Couronne, le 29 septembre 1642. Le vicomte Henri de Turenne, maréchal de France, frère du précédent, est le plus illustre des membres de cette famille de La Tour-d'Auvergne, dont nous avons cité les principaux représentants. A peine âgé de trente-huit ans, il était déjà depuis six ans maréchal de France, et s'était illustré dans une foule de combats, entre autres dans les batailles de Brisach, de Fribourg, de Nordlingen et de Sommershausen, etc. Pendant les troubles de la Fronde, il prit parti contre Mazarin, et, suivant l'exemple donné par son père et son frère aîné, il embrassa la cause des princes et s'allia aux Espagnols. Il fut battu à Rethel (1650), mais il ne tarda pas à faire la paix avec la cour, et le reste de sa vie ne fut qu'une succession de triomphes. Il fut tué par un boulet dans une reconnaissance qu'il opérait à Salzbach la veille d'une bataille décisive.

L'histoire particulière de la principauté de Sedan, si pleine de faits, si riche en évènements intéressants, nous a fait oublier un instant l'histoire générale de la province. Nous la reprenons au moment où les Anglais, vainqueurs à Crécy (1346) et à Poitiers (1356), pénétraient dans la Champagne ayant à leur tête Robert Knolles, et plus tard le roi Édouard III. Ils se bornèrent à assiéger Reims et Châlons, dont ils ne purent s'emparer, et se vengèrent de ces échecs en ravageant le pays. Dans la seconde période de la guerre de Cent-Ans, le duc de Bourgogne, Philippe le Bon, allié des Anglais, conquit la Champagne et la leur livra au moment où, par le honteux traité de Troyes (1420), Henri V d'Angleterre, maître du malheureux Charles VI, se faisait sacrer roi de France. Le comte de Salisbury devint alors gouverneur de la Champagne.

Lorsque Jeanne d'Arc eut contraint les Anglais à lever le siège d'Orléans (8 mai 1429), elle entraîna à Reims Charles VII, qui y entra sans coup férir, le 17 juillet suivant. Les Anglais firent plusieurs tentatives inutiles pour reprendre la Champagne. Le sire de Barbazan leur enleva tous les châteaux qu'ils y possédaient et mérita de devenir le gouverneur de la province. La Champagne jouit de quelques années de calme pendant la fin du règne de Charles VII et les règnes de Louis XI, de Charles VIII et de Louis XII; mais, lorsque s'engagèrent les grandes guerres nées de la rivalité de Charles Quint et de François Ier, elle eut beaucoup à souffrir. La ville de Mézières, où Bayard, « *le chevalier sans peur et sans reproche*, » s'était enfermé, soutint un siège de vingt-huit jours contre l'armée impériale commandée par les comtes de Nassau et de Sickingen. Les assiégés se défendirent avec tant de bravoure qu'ils contraignirent leurs ennemis à abandonner le siège (1521). Le 27 septembre de chaque année, les habitants de Mézières célèbrent par une fête cette glorieuse date de leur histoire. Mouzon, moins heureuse que Mézières, fut occupée par l'armée ennemie; mais François Ier, s'y étant arrêté en 1555 et plus tard en 1545, la fit fortifier et la mit ainsi en état de défense. Charles Quint répondait à ces mesures de prudence en élevant à Givet la redoutable forteresse de Charlemont (1540). La ville de Rocroi, qui avait été ceinte de remparts par François Ier, résista vaillamment aux Impériaux (1555).

Après le massacre des protestants à Vassy (1562), les guerres de religion commencèrent par des troubles en Champagne. Les Guise, tout-puissants dans cette province, embrassèrent avec ardeur la cause catholique. Rocroi fut pris et repris par les belligérants. Mézières, ville entièrement dévouée au parti catholique, et où avait été célébré le mariage de Charles IX avec Élisabeth, fille de l'empereur Maximilien (1570), résista aux troupes d'Henri IV, qui s'emparèrent du château d'Omont, repris plus tard par les Ligueurs. Le vicomte de Turenne, un des plus illustres chefs du parti protestant, s'empara de Mouzon (1591), que traversa Henri IV en 1606, lorsqu'il dirigea une expédition contre Sedan pour réduire son ancien allié, le vicomte de Turenne, qui faisait alors cause commune avec ses adversaires. Le duc de Rethel, Charles II de Gonzague, avait accompagné Henri IV dans son expédition contre Sedan, qui s'était terminée par la soumission du vicomte de Turenne; mais il se laissa attirer, pendant la minorité de Louis XIII, dans le parti des princes mécontents de la reine-mère et de son favori, le maréchal d'Ancre. Le duc de Guise, ayant marché contre lui, s'empara de Rethel et de Château-Porcien.

Dans le commencement de la période française de la guerre de Trente-Ans, Louis XIII établit son quartier général à Mouzon, tandis que son armée assiégeait les Espagnols réfugiés dans Ivois, ville que Louis XIV devait ériger en duché-pairie au profit du comte de Soissons, de la maison de Savoie, en changeant son nom en celui de Carignan.

Pendant la minorité de Louis XIV, le duc d'Enghien, qui plus tard à la tête d'une armée espagnole entrait dans la ville de Rocroi, que la France ne devait recouvrer que par le traité des Pyrénées (1659), se couvrit de gloire, sous les murs mêmes de cette ville, en remportant sur le général espagnol Dom Francisco de Mello une brillante victoire (19 mai 1643). Enfin les dernières portions du territoire qui n'avaient pas encore fait retour à la France ne tardèrent pas à lui être rendues. Par la paix de Nimègue (1680), la redoutable forteresse de Charlemont redevint française, mais les deux Givet ne nous furent cédés qu'en 1699.

Louis XIV s'empara de Charleville en 1708, et le territoire de Fumay, qui formait encore au dix-huitième siècle un petit état indépendant, fut acquis à la France en 1770.

Vers la fin du règne de Louis XIV, la révocation de l'Édit de Nantes amena la ruine industrielle de plusieurs villes du département : Givonne et Daigny furent dépeuplées. La ville de Sedan surtout eut à souffrir de cet acte si impolitique de fanatisme.

La Révolution fut accueillie avec enthousiasme dans les Ardennes, dont la population prit les armes dès que les frontières furent menacées par les émigrés et par les armées étrangères ; et si, dans la nuit du 4 août, une partie de la noblesse fit sans hésiter le sacrifice de ses privilèges, dans les Ardennes la cité de Charleville, qui était exempte de tous impôts, refusa de jouir plus longtemps d'une pareille faveur.

Lorsque, en 1792, la France fut envahie par les Prussiens, que commandait le duc de Brunswick, Dumouriez fut mis à la tête de l'armée de volontaires réunie à Châlons. Ce général avait résolu de défendre les cinq défilés de l'Argonne, mais le général Chazot, qui avait été chargé d'arrêter l'ennemi dans l'un de ces défilés, la *Croix-aux-Bois*, situé dans les environs de Vouziers, fut débordé par le nombre, et la France eût été ouverte à l'invasion, si Dumouriez n'avait pas triomphé à Valmy (Marne). Les envahisseurs reculèrent, et les Ardennais n'eurent pas la douleur de voir l'ennemi camper dans leurs vallées ; mais cette honte que leur épargna le patriotisme des armées nationales, l'ambition effrénée de Napoléon devait la leur infliger en 1815. Dans cette année néfaste, après la bataille de Waterloo, les armées alliées franchirent les frontières. Mézières soutint un siège de quarante-deux jours contre une armée de 20,000 Prussiens, Wurtembergeois et Hessois, et ne capitula qu'après la pacification générale. Rocroi, investie, se défendit pendant un mois, avec une poignée de gardes nationaux, contre les efforts unis des alliés. Les Prussiens essayèrent vainement de s'emparer de la forteresse de Charlemont, qui n'ouvrit ses portes qu'après la rentrée de Louis XVIII.

Le second Empire a été plus fatal encore que le premier à la France et au département des Ardennes. Après la sanglante bataille de Frœschwiller, le maréchal de Mac-Mahon réunit au camp de Châlons les débris de son armée aux régiments échappés au désastre de Wissembourg, et, groupant autour de ce noyau de nouvelles troupes composées des éléments les plus disparates, se trouva à la tête de 100,000 hommes. Décidé à marcher au secours du maréchal Bazaine, qui s'était laissé enfermer autour de Metz, et dont le nom est devenu si honteusement célèbre, Mac–Mahon se dirigea sur Montmédy. Les deux armées allemandes du prince royal et du prince de Saxe, fortes ensemble de 240,000 hommes, se mirent immédiatement à sa poursuite. Les généraux allemands l'eurent bientôt atteint, l'inquiétèrent dans sa marche et battirent le corps du général de Failly, qu'ils avaient surpris à Beaumont.

Lorsque l'armée de Mac-Mahon arriva à Sedan, la route de Metz lui était déjà fermée, et bientôt les deux armées ennemies s'échelonnèrent sur les hauteurs environnant le demi-cercle de collines où campaient nos soldats. Le 1er septembre, dès quatre heures du matin, le canon se fait entendre ; la lutte commence du côté de Bazeilles, malheureux village qui devait être réduit en cendres et où les marins du général Martin des Pallières résistent avec la plus héroïque énergie. La bataille s'engage bientôt vers Daigny et Givonne. Le maréchal de Mac-Mahon est blessé à la Moncelle ; le général Ducrot prend le commandement. Les deux armées allemandes qui enlacent Sedan ont opéré leur jonction vers le milieu du jour. Le cercle de fer est fermé. En vain le général Ducrot tente de le rompre sur le plateau d'Illy ; ses troupes sont foudroyées par un ouragan de projectiles. Des batteries, démasquées de tous côtés, ouvrent un feu terrible ; les charges héroïques de cavalerie dirigées par le général Margueritte, qui tombe mortellement blessé, et ensuite par le général de Gallifet, arrachent des cris d'admiration à l'ennemi lui-même, mais demeurent impuissantes. Le général de Wimpffen, qui remplace le général Ducrot, veut vainement tenter un dernier effort ; la bataille est perdue.

Alors Napoléon III fait hisser le drapeau parlementaire, qu'aussitôt le général Faure ordonne d'abattre. Mais toute lutte est désormais inutile. Les généraux se résignent à capituler. La capitulation, qui fut signée le lendemain, dans le château de Bellevue, livra avec armes et bagages l'armée française aux vainqueurs. Après avoir campé pendant dix jours dans la presqu'île d'Iges, où ils endurèrent mille souffrances, nos soldats partirent pour l'Allemagne, tandis que celui qui était la cause de cet épouvantable désastre, l'empereur, après avoir rendu son épée, allait subir dans le château princier de Wilhemshœhe quelques mois d'une douce captivité.

La bataille de Sedan a coûté 10,000 hommes à l'Allemagne et à la France 11,000 soldats, 20 généraux et un grand nombre d'officiers.

La ville de Mézières, investie après la journée de Sedan, le fut une seconde fois dans le courant du mois d'octobre, mais

Bazeilles après la bataille de 1870.

elle n'ouvrit ses portes à l'ennemi que le 2 janvier 1871, après un troisième siège et un bombardement qui la couvrit de ruines.

Les Allemands ayant établi à Reims un gouverneur général, le département des Ardennes fut mis sous sa juridiction. Le pays, accablé de réquisitions, eut à subir pendant de longs mois les souffrances d'une occupation qui ne devait cesser qu'après le payement des milliards arrachés à la France.

VII. — Personnages célèbres.

Treizième siècle. — ROBERT DE SORBON, fondateur de la Sorbonne, né à Sorbon (1201-1274). — GUILLAUME DE MACHAULT, poëte et musicien, né à Machault (1284-1370).

Quatorzième siècle. — JEAN CHARLIER dit GERSON, chancelier de l'Université de Paris, auteur de nombreux ouvrages de théologie, et à qui a été attribuée l'*Imitation de Jésus-Christ;* né au hameau (détruit aujourd'hui) de Gerson, commune de Barby (1363-1429).

Seizième siècle. — CHARLES DE NAVIÈRES, poëte, né à Sedan (1544-1616). — ATHANASE COCHELET, théologien, prédicateur de la Ligue, né à Mézières (1551-1624).

Dix-septième siècle. — CHARLES DRELINCOURT, célèbre pasteur protestant, né à Sedan (1595-1669). — JEAN BIENAISE, célèbre médecin de Louis XIV, né à Mézières (1601-1681). — Le vicomte DE TURENNE, maréchal de France, illustre capitaine, né à Sedan (1611-1375). — Dom JEAN MABILLON, savant bénédictin de l'abbaye de Saint-Germain, auteur de nombreux ouvrages, né au Chesne (1632-1707). — L'abbé LOUIS DUFOUR DE LONGUERUE, célèbre érudit, né à Charleville (1652-1733). — FRANÇOIS DESPORTES, peintre remarquable, né à Champigneul (1661-1743).

Dix-huitième siècle. — SAINT-YVES, savant oculiste, né à Maubert-Fontaine (1667-1763). — DANIEL COFFIN, recteur de l'Université de Paris, né à Buzancy (1676-1749). — Le dominicain BILLUART, savant théologien, né à Revin (1685-1757). — NICOLAS WILBAULT, peintre, né à Château-Porcien (1686-1724). — ANTOINE ROBERT, peintre (portraits et histoire), né à Sery (1688-1733). — PIERRE CARPENTIER, savant bénédictin, philologue, né à Charleville (1697-1767). — PIERRE MASSUET, littérateur, naturaliste, né à Mouzon (1698-1776). — LESEUR, géomètre, né à Rethel (1703-1770). — L'abbé NICOLAS DE LA CAILLE, mathématicien, astronome, né à Rumigny (1713-1762). — L'abbé CHARLES BATTEUX, littérateur, né à

Alland'huy (1713-1780). — Longueuil, graveur, né à Givet, mort en 1792. — Jacques Wilbault, peintre, neveu de Nicolas, né à Château-Porcien (1729-1816). — L'abbé Blanchard, moraliste, né à Tourteron (1731-1797). — Pierre Lambinet, jésuite, bibliographe, né à Tourne (1742-1813). — Alexis-Louis Dubois de Crancé, constituant et conventionnel, né à Charleville (1747-1814). — Lefèvre-Gineau, physicien, membre de l'Institut, né à Authe (1751-1829).

Dix-neuvième siècle. — Corvisart, célèbre médecin, né à Dricourt (1755-1821). — L'abbé Nicolas Halma, helléniste, mathématicien, né à Sedan (1755-1828). — Méhul, illustre compositeur, né à Givet (1763-1817). — Jean Hachette, géomètre, mathématicien, membre de l'Académie des sciences, né à Mézières (1769-1834). — Guillaume-Louis, baron de Ternaux, manufacturier, inventeur des cachemires qui portent son nom, homme politique, né à Sedan (1763-1833). — Lapie, savant géographe, né à Mézières (1771-1850). — René Savary, duc de Rovigo, homme politique, général, né à Marcq (1774-1833). — Étienne Hulot, général, né à Mazerny (1774-1850). — Laurent Cunin-Gridaine, industriel français, ministre, né à Sedan (1778-1849). — Félix Savart, physicien, membre de l'Académie des sciences, né à Mézières (1791-1841). — Louis-Christophe-François Hachette, fondateur de la célèbre maison de librairie qui porte son nom, né à Rethel (1800-1864). — Antoine-Eugène-Alfred Chanzy, général, ancien gouverneur de l'Algérie, ambassadeur et sénateur, né à Nouart en 1823.

VIII. — Population, langue, culte, instruction.

La *population* des Ardennes s'élève, d'après le recensement de 1876, à 326,782 habitants (163,816 du sexe masculin, 162,966 du sexe féminin). A ce point de vue, c'est le 68ᵉ département. En 1800, date du premier recensement officiel, la population des Ardennes était de 259,925 ; elle a donc augmenté depuis cette époque de 66,857 habitants. Mais

la population n'augmente plus depuis 1866 ; elle a même
diminué depuis cette époque de 82 habitants.

Le chiffre des habitants divisé par celui des hectares donne
62,44 par 100 hectares ou par kilomètre carré ; c'est ce qu'on
nomme la *population spécifique*. Sous ce rapport, c'est le
42° département. La France entière ayant 70 habitants par
kilomètre carré, il en résulte que. les Ardennes, à surface
égale, renferment près de 8 habitants de moins que l'ensemble de notre pays.

La *langue* française est parlée dans tout le département ;
mais un patois, formé d'un mélange de mots français et
wallons, y est usité, surtout dans les campagnes.

Presque tous les habitants des Ardennes sont catholiques,
cependant on y compte environ un millier de protestants et
une centaine d'israélites.

Le nombre des *naissances* a été, en 1877, de 7,970 (plus
352 mort-nés) ; celui des *décès*, de 6,402 ; celui des *mariages*,
de 2,296.

La *vie moyenne* est de 58 ans 11 mois.

Le *lycée* de Charleville et le *collège communal* de Sedan
ont compté, en 1877, 379 élèves ; trois *institutions secon-
daires libres*, 276 ; le *petit séminaire* de Charleville, 184 ;
788 *écoles primaires*, 46,042 ; 50 *salles d'asile*, 6,225.

Le recensement des 2,440 jeunes gens de la classe de
1877 a donné les résultats suivants :

Jeunes gens ne sachant ni lire ni écrire. 84
— sachant lire seulement. 10
— sachant bien lire et bien écrire. . . . 2,287
— bacheliers. 30
— dont on n'a pu vérifier l'instruction. . 29

Sur 31 accusés de crimes, en 1877, on a compté :

Accusés ne sachant ni lire ni écrire. 4
— sachant bien lire et bien écrire. 26
— ayant reçu une instruction supérieure . . 1

IX. — Divisions administratives.

Le département des Ardennes, avec l'arrondissement de Reims (Marne), forme le diocèse de Reims. Il ressortit : aux 5ᵉ et 6ᵉ subdivisions de la 6ᵉ région militaire (Châlons-sur-Marne), — à la cour d'appel de Nancy, — à l'académie de Douai, — à la 6ᵉ légion de gendarmerie (Châlons-sur-Marne), — à la 4ᵉ inspection des ponts et chaussées, — à la 10ᵉ conservation des forêts (Châlons-sur-Marne), — à l'arrondissement minéralogique de Troyes (division du nord-est). — Il comprend 5 arrondissements (Mézières, Rethel, Rocroi, Sedan, Vouziers), 31 cantons, 502 communes.

Chef-lieu du département : MÉZIÈRES.

Chefs-lieux d'arrondissement : MÉZIÈRES, RETHEL, ROCROI, SEDAN, VOUZIERS.

Arrondissement de Mézières (7 cant.; 106 com.; 88,094 h.; 98,724 hect.).

Canton de Charleville (11 com.; 27,034 h.; 9,137 hect.). — Aiglemont Charleville — Damouzy — Étion — Gespunsart — Houldizy — Joigny — Montcy-Notre-Dame — Montcy-Saint-Pierre — Neufmanil — Nouzon.

Canton de Flize (22 com.; 8,201 h., 13,263 hect.). — Ayvelles (Les) — Balaives-et-Butz — Boulzicourt — Boutancourt — Chalandry-Élaire — Champigneul-sur-Vence — Dom-le-Mesnil — Élan — Étrépigny — Flize — Guignicourt — Hannogne-Saint-Martin — Mondigny — Nouvion-sur-Meuse — Omicourt — Saint-Marceau — Saint-Pierre-sur-Vence — Sapogne-et-Feuchères — Villers-le-Tilleul — Villers-sur-le-Mont — Vrigne-Meuse — Yvernaumont.

Canton de Mézières (21 com.; 16,905 h.; 12,397 hect.). — Belval — Cons-la-Granville — Évigny — Fagnon — Francheville (La) — Gernelle — Issancourt-et-Rumel — Lumes — Mézières — Mohon — Neuville-lès-This — Prix — Saint-Laurent — Sury — Theux (Le) — This — Ville-sur-Lumes — Villers-Semeuse — Vivier-au-Court — Warcq — Warnécourt.

Canton de Monthermé (11 com.; 13,700 h.; 14,097 hect.). — Braux — Château-Regnault — Deville — Haulmé — Hautes-Rivières (Les) — Laifour — Levrezy — Meillier-Fontaine — Monthermé — Thilay — Tournavaux.

Canton d'Omont (14 com.; 5,725 h.; 15,044 hect.). — Baalons — Bouvellemont — Cassine (La) — Chagny — Horgne (La) — Malmy — Mazerny — Montigny-sur-Vence — Omont — Poix — Singly — Terron-lès-Vendresse — Touligny — Vendresse.

Canton de Renwez (15 com.; 8,463 h.; 15,910 hect.). — Arreux — Cliron — Ham-les-Moines — Harcy — Haudrecy — Lonny — Mazures (Les) — Montcornet — Murtin-et-Bogny — Remilly-les-Pothées — Renwez — Saint-Marcel — Sécheval — Sormonne — Tournes.

Canton de Signy-l'Abbaye (12 com.; 8,066 h.; 18,876 hect.). — Barbaise — Clavy-Warby — Dommery — Gruyères — Hocmont — Jandun — Launois — Maranwez — Neufmaison — Raillicourt — Signy-l'Abbaye — Thin-le-Moûtier.

Arrondissement de Rethel (6 cant.; 112 com.; 59,785 h.; 122,262 hect.).

Canton d'Asfeld (19 com.; 8,426 h.; 19,558 hect.). — Aire — Asfeld — Avaux — Balham — Bergnicourt — Blanzy — Brienne — Écaille (L') — Gomont — Houdilcourt — Juzancourt — Poilcourt — Roizy — Saint-Germainmont — Saint-Remy-le-Petit — Sault-Saint-Remy — Thour (Le) — Vieux-lès-Asfeld — Villers-devant-le-Thour.

Canton de Château-Porcien (16 com.; 8,596 h.; 22,597 hect.). — Avançon — Banogne-et-Recouvrance — Château-Porcien — Condé-lès-Herpy — Écly — Hannogne — Hauteville — Herpy — Inaumont — Saint-Fergeux — Saint-Loup-Champagne — Saint-Quentin-le-Petit — Seraincourt — Sévigny-Waleppe — Son — Taizy.

Canton de Chaumont-Porcien (20 com.; 8,141 h.; 17,407 hect.). — Adon — Chappes — Chaumont-Porcien — Doumely-Bégny — Draize — Fraillicourt — Givron — Hardoye (La) — Logny-lès-Chaumont — Mainbresson — Mainbressy — Montmeillant — Remaucourt — Renneville — Rocquigny — Romagne (La) — Rubigny — Saint-Jean-aux-Bois — Vaux-lès-Rubigny — Wadimont.

Canton de Juniville (15 com.; 6,958 h.; 21,077 hect.). — Alincourt — Annelles — Aussonce — Bignicourt — Châtelet (Le) — Juniville — Ménil-Annelles — Ménil-Lépinois — Neuflize — Neuville-en-Tourne-à-Fuy (La) — Perthes — Tagnon — Ville-sur-Retourne.

Canton de Novion-Porcien (25 com.; 12,425 h.; 23,594 hect.). — Auboncourt-Vauxcelles — Chesnois-Auboncourt — Corny-Machéroménil — Faissault — Faux — Grandchamp — Hagnicourt — Herbigny — Justine — Lalobbe — Lucquy — Mesmont — Neuville-lès-Wasigny (La) — Neuvizy — Novion-Porcien — Puiseux — Saulces-Monclin — Sery — Sorcy-Bauthémont — Vaux-Montreuil — Viel-Saint-Remy — Villers-le-Tourneur — Wagnon — Wasigny — Wignicourt.

Canton de Rethel (19 com.; 15,259 h.; 18,229 hect.). — Acy — Amagne — Ambly-Fleury — Arnicourt — Barby — Bertoncourt — Biermes — Coucy — Doux — Givry — Montlaurent — Nanteuil — Novy-Chevrières — Pargny-Resson — Rethel — Sault-lès-Rethel — Seuil — Sorbon — Thugny-Trugny.

Arrondissement de Rocroi (5 cant.; 71 com.; 51,055 h.; 83,569 hect.).

Canton de Fumay (7 com.; 12,968 h.; 16,210 hect.). — Anchamps — Fépin — Fumay — Hargnies — Haybes — Montigny-sur-Meuse — Revin.

Canton de Givet (12 com. ; 11,400 h.; 11,040 hect.). — Aubrives — Charnois — Chooz — Foisches — Fromelennes — Givet — Ham-sur-Meuse — Hierges — Landrichamps — Rancennes — Vireux-Molhain — Vireux-Wallerand.

Canton de Rocroi (14 com.; 11,464 h.; 17,979 hect.). — Blombay — Bourg-Fidèle — Châtelet (Le) — Chilly — Étalle — Gué-d'Hossus — Laval-Morency — Maubert-Fontaine — Regniowez — Rimogne — Rocroi — Sévigny-la-Forêt — Taillette — Tremblois-lès-Rocroi.

Canton de Rumigny (28 com. ; 8,918 h. ; 24,693 hect.). — Antheny — Aouste — Aubigny — Bay — Blanchefosse — Bossus-lès-Rumigny — Cerleau (La) — Cernion — Champlin — Échelle (L') — Estrebay — Férée (La) — Flaignes-les-Oliviers — Foulzy — Fréty (Le) — Girondelle — Hannappes — Havys — Lépron-les-Vallées — Liart — Logny-Bogny — Marby — Marlemont — Prez — Rouvroy — Rumigny — Servion — Vaux-Villaine.

Canton de Signy-le-Petit (10 com.; 6,605 h.; 13,647 hect.). — Auge — Auvillers-les-Forges — Beaulieu — Brognon — Éteignières — Fligny — Neuville-aux-Joûtes (La) — Neuville-aux-Tourneurs (La) — Signy-le-Petit — Tarzy.

Arrondissement de Sedan (5 cant. ; 82 com. ; 72,726 h. ; 78,891 hect.).

Canton de Carignan (26 com.; 13,505 h.; 20,082 hect.). — Auflance — Bièvres — Blagny — Carignan — Deux-Villes (Les) — Ferté (La) — Fromy — Herbeuval — Linay — Malandry — Margny — Margut — Matton-et-Clémency — Messincourt — Mogues — Moiry — Osnes — Puilly-et-Charbeaux — Pure — Sachy — Sailly — Sapogne — Signy-Montlibert — Tremblois — Villy — Williers.

Canton de Mouzon (14 com.; 8,886 h.; 16,393 hect.). — Amblimont — Autrecourt-et-Pourron — Beaumont — Brévilly — Douzy — Euilly-et-Lombut — Létanne — Mairy — Mouzon — Tétaigne — Vaux-lès-Mouzon — Villemontry — Villers-devant-Mouzon — Yoncq.

Canton de Raucourt (13 com.; 7,383 h.; 14,879 hect.). — Angecourt — Artaise-le-Vivier — Besace (La) — Bulson — Chémery — Connage — Haraucourt — Maisoncelle — Mont-Dieu (Le) — Neuville-à-Maire (La) — Raucourt-et-Flaba — Remilly-et-Aillicourt — Stonne.

Canton de Sedan nord (11 com. ; 18,210 h. ; 8,899 hect.). — Bosséval — Chapelle (La) — Fleigneux — Floing — Givonne — Glaire-et-Villette — Iges — Illy — Saint-Menges — Sedan (nord) — Vrigne-aux-Bois.

Canton de Sedan sud (19 com.; 24,742 h.; 18,911 hect.). — Balan — Bazeilles — Chéhéry — Cheveuges — Daigny — Doncherry — Escombres-et-le-Chesnois — Francheval — Frénois — Moncelle (La) — Noyers-et-Thélonne — Pouru-aux-Bois — Pouru-Saint-Remy — Rubécourt-et-Lamécourt — Saint-Aignan — Sedan (sud) — Villers-Cernay — Villers-sur-Bar — Wadelincourt.

Arrondissement de Vouziers (8 cant.; 131 com.; 55,122 h.; 140,109 hect.).

Canton d'Attigny (12 com.; 6,688 h.; 12,727 hect.). — Alland'huy-et-

Sausseuil — Attigny — Charbogne — Chuffilly-Roche — Coulommes-et-Marqueny —Rilly-aux-Oies — Saint-Lambert-et-Mont-de-Jeux — Sainte-Vaubourg — Saulces-Champenoises — Semuy — Vaux-Champagne — Voncq.

Canton de Buzancy (22 com.; 7,624 h.; 26,504 hect.).— Andevanne—Bar — Barricourt — Bayonville — Belval-Bois-des-Dames — Berlière (La) — Briquenay — Buzancy — Fossé — Harricourt — Imécourt — Landres-et-Saint-Georges — Nouart — Oches — Rémonville — Saint-Pierremont — Sivry-lès-Buzancy — Sommauthe — Tailly — Thénorgues — Vaux-en-Dieulet — Verpel.

Canton du Chesne (18 com.; 7,282 h.; 17,688 hect.).— Alleux (Les) — Armoises (Les Grandes-) — Armoises (Les Petites-) — Authe — Autruche — Belleville — Boult-aux-Bois — Brieulles-sur-Bar — Châtillon-sur-Bar — Chesne (Le) — Germont — Louvergny — Montgon — Noirval — Sauville — Sy — Tannay — Verrières.

Canton de Grandpré (19 com.; 8,558 h.; 20,861 hect.).— Apremont — Beffu-et-le-Morthomme — Champigneulle — Châtel-Chéhéry — Chevières — Cornay — Exermont — Fléville — Grandham — Grandpré — Lançon — Marcq — Mouron — Olizy — Primat — Saint-Juvin — Senuc — Sommerance — Termes.

Canton de Machault (14 com.; 4,399 h.; 19,439 hect.). — Cauroy — Chardeny — Dricourt — Hauviné — Leffincourt — Machault — Mont-Saint-Remy — Pauvres — Quilly — Saint-Clément — Saint-Étienne-à-Arnes — Saint-Pierre-à-Arnes — Semide — Tourcelles-Chaumont.

Canton de Monthois (18 com. ; 5,874 h.; 19,056 hect.). — Ardeuil-et-Montfauxelles — Aure — Autry — Bouconville — Brécy-Brières — Challerange — Condé-lès-Autry — Liry — Manre — Marvaux-Vieux—Montcheutin — Monthois — Mont-Saint-Martin — Saint-Morel — Savigny — Séchault — Sugny — Vaux-lès-Mouzon.

Canton de Tourteron (10 com.; 4,410 h.; 7,885 hect.). — Écordal — Guincourt — Jonval — Lametz — Marquigny — Neuville-et-Day — Sabotterie (La) — Saint-Loup-Terrier — Suzanne — Tourteron.

Canton de Vouziers (18 com.; 10,287 h.; 14,790 hect.). — Ballay — Blaise — Bourcq — Chestres — Condé-lès-Vouziers — Contreuve — Croix-aux-Bois (La)—Falaise — Grivy-Loisy — Longwé — Mars-sous-Bourcq — Quatre-Champs — Sainte-Marie — Terron-sur-Aisne — Toges — Vandy — Vouziers — Vrizy.

X. — Agriculture.

Sur les 523,289 hectares du département, on compte en nombres ronds :

Terres labourables.	314,231 hectares.
Prairies et vergers.	57,028 —
Vignes.	1,108 —

Forêts et bois. . . . . 120,174 hectares
Pâturages et pacages. . . . . . . 8,373 —
Terres incultes . . . . 2,069 —,
Superficies bâties, voies de trans-
 port, etc. . . . . 20,506 —

On comptait en 1877 dans le département 51,523 chevaux, 208 mulets, 1,521 ânes, 5,355 bœufs et taureaux, 74,065 vaches et génisses, 12,823 veaux, 389,446 animaux de la race ovine (sur lesquels 158,895 appartiennent à la race perfectionnée), ayant produit ensemble 776,054 kilogrammés de laine et 504,047 kilogrammes de suif ; enfin 60,069 porcs et 15,067 chèvres. 18,718 ruches ont donné, la même année, 106,879 kilogrammes de miel et 22,274 kilogrammes de cire.

Dans les terres labourables on a récolté, en 1877, 1,141,741 hectolitres de froment, 64,212 de méteil, 294,064 de seigle, 207,966 d'orge, 2,953 de sarrasin, 1,396,075 d'avoine, 1,316,084 de pommes de terre, 15,948 de légumes secs, 1,824,240 de betteraves, 144 quintaux de houblon, 1,106 de chanvre, 165 de lin (5,280 kilogrammes d'huiles de chènevis et de lin), 3,432 hectolitres de graines de colza (13,000 kilogrammes d'huile), enfin 29,690 hectolitres de vin. Les forêts ont produit 414,300 mètres cubes de bois et 58,960 quintaux d'écorces à tan.

Les régions les plus fertiles, les mieux cultivées du département, comprennent la majeure partie, sinon la totalité, des cantons de Rethel, d'Attigny, de Buzancy, de Charleville (rive g. de la Meuse), du Chesne, de Château-Porcien, de Machault, de Mézières (rive g. de la Meuse), de Monthois, Mouzon, Renwez, Rocroi, Rumigny, Tourteron et de Vouziers. — Dans les cantons suivants, l'industrie remplace en général les travaux agricoles, qu'un sol assez ingrat rendrait peu rémunérateurs ; ces cantons sont ceux de Chaumont-Porcien, Carignan, Fumay, Monthermé, Omont, Raucourt et Sedan.

Les *céréales* sont récoltées en abondance dans les cantons d'Attigny, de Grandpré, Juniville, Machault, Novion-Porcien, Tourteron, Rethel, etc. Ceux de Buzancy, Grandpré, Machault, Rocroi, Signy-le-Petit, riches en *pâturages*, nourrissent de nombreux troupeaux de moutons et de gros bétail. — Bourg-Fidèle et Buzancy sont le centre de l'élevage des chevaux.

Les *vignobles* s'étendent sur une partie des cantons d'Asfeld, de Château-Porcien, Grandpré, Mouzon (point extrême où s'arrête la culture de la vigne) et Vouziers. Les *vins* les plus estimés sont ceux de Ballay, Chestres, Neuville, Quatre-Champs, Saint-Lambert, Senuc,

Toges, etc. — La culture des *betteraves* est surtout concentrée dans les environs de Château-Porcien, Grandpré, Rethel. — Les *oseraies* prospèrent dans les terrains humides des cantons d'Asfeld, d'Attigny, de Buzancy, Château-Porcien, du Chesne, de Montlois, Rumigny, Chaumont-Porcien et Vouziers. — Les *pommes de terre* les plus renommées sont celles d'Houldizy et de Damouzy.

Les *arbres fruitiers* donnent lieu à un commerce très considérable, qui porte surtout sur les fruits des cerisiers, des pommiers, des pruniers, des poiriers. Les cantons les plus riches en arbres fruitiers sont ceux de Tourteron, Monthois, Grandpré, Novion-Porcien, Signy-le-Petit, etc. — Les *cidres* les plus estimés sont ceux de Lalobbe, de Liart, Wassigny et Signy-l'Abbaye. — Les centres de culture des *légumes* se trouvent dans les environs d'Attigny, d'Alland'huy, de Charbogne et de Chooz. — Les territoires qui offrent les plus belles *prairies* sont dans les communes d'Attigny, de Carignan (sur les bords de la Chiers), Mouzon, Rethel, etc. — Enfin les *forêts* s'étendent dans toute la région septentrionale du département, occupée par la vaste forêt des Ardennes ; à l'ouest, celle de Signy-le-Petit seule est assez importante ; vers le centre, celle de Mont-Dieu, et, à l'est de Vouziers, la forêt de Boult, sont les plus considérables.

Les marchés principaux du département et les centres du commerce agricole sont : Attigny, pour les fruits et les légumes ; Aubigny, Aussonce, pour les plants de pins, livrés par millions ; Auvillers, Barricourt, Bourg-Fidèle, pour les chevaux ; Charleville, Château-Porcien, pour les moutons ; Chesnois-Auboncourt, Écordal, pour les fruits à noyaux ; Signy-l'Abbaye, Signy-le-Petit, pour les beurres et fromages ; Vendresse, où s'achètent les bois de chauffage et ceux destinés au boisage des houillères du Nord et de la Belgique ; enfin la ville de Vouziers.

XI. — Industrie.

Le département des Ardennes, qui paie annuellement près de 20 millions 400,000 francs d'impôts, occupe le trente-quatrième rang au budget des recettes. Mais ce qui donne une idée plus exacte de la richesse du département, produit du travail et de l'économie de ses habitants, c'est l'état prospère de la caisse d'épargne, qui s'élève régulièrement chaque année. En 1877, le chiffre des déposants était de 55,500, et celui des sommes déposées de 13,318,175 francs. Sous ce rapport, le département occupe le vingt-quatrième rang, c'est-à-dire que vingt-trois départements seulement présentent un nombre de déposants supérieur et une encaisse plus élevée.

L'extraction minière est une source importante de la richesse industrielle du département. Les *ardoisières* de Fumay, de Haybes, qui occupent près de 1,300 ouvriers, produisent annuellement plus de 100 millions d'ardoises; celles de Rimogne et d'Harcy, qui emploient 526 ouvriers, en fournissent 10 millions; celles de Deville et de Monthermé, 20 millions.

La *chaux* hydraulique ou ordinaire est fabriquée à Charleville, Étion, Floing, Francheval, Mézières, Saint-Menges, Warcq, etc.; le *ciment*, à Charleville. Il se fait à Vouziers un commerce important de *phosphate de chaux*; les communes qui fournissent les nodules, broyés par les moulins de Champignculle, etc., sont celles d'Écordal, de Grandpré, Guincourt, Imécourt, Saulces-Montclin, Tourteron, Vouziers, etc. Les *marbres* sont extraits à Foisches, Fromelennes, et sciés à Givet. La *craie* est extraite à Wassigny, etc. Les *cendres sulfureuses* abondent à Amblimont, aux Ayvelles, à Flize et à Tarzy; les *marnes sulfureuses*, à la Ferté, la Francheville, Fresnois, Margut, Saint-Marcel, etc.; le *plâtre*, à Deville; les *schistes bleus*, à Thilay; les *pierres* à bâtir, presque partout, mais plus spécialement à Bulson, Connage, Dom-le-Mesnil, Hannogne, Feuchères, Iges, etc.; les *pierres bleues*, à Givet, Saint-Laurent; la *tourbe*, à Bourg-Fidèle, au Gué-d'Hossus, etc.; les *sables vitreux*, à Sévigny.

Le *minerai de fer* existe sur le territoire d'un grand nombre de communes; mais il n'est guère exploité que dans le canton d'Omont.

Les *sources minérales* sont seulement au nombre de deux : la *fontaine Rouge d'Aouste* et la source froide, carbonatée, ferrugineuse de *Laïfour*.

La **métallurgie** est encore la branche la plus importante de l'industrie départementale, bien que depuis un certain nombre d'années quelques hauts-fourneaux aient éteint leurs feux. L'arrondissement de Mézières possède des *forges* et *lumineries*, à Signy-l'Abbaye, Flize, Monthermé, aux Mazures, à Mohon, Laval-Dieu; celui de Rocroi en compte aussi plusieurs, à Signy-le-Petit, Fromelennes et à Vireux-Molhain; dans celui de Sedan, il en existe à Sedan, Givonne, Blagny, Haraucourt, Brévilly et Messempré; dans celui de Vouziers, à Apremont et à Cornay. A Apremont, Charleville et Revin on fabrique des essieux, des roues de wagon, tout ce qui concerne, en un mot, le matériel roulant des chemins de fer.— Les *fonderies de fer* et *de cuivre* sont beaucoup plus nombreuses que les forges : on en compte environ 50 dans le département. Les communes qui en renferment le plus grand nombre sont celles de Revin, Mézières, Haraucourt, Vrigne-aux-Bois, Charleville, Aubrives, Auvillers-les-Forges, Bourg-Fidèle, des Mazures, de Laval-Dieu, Nouzon, Vivier-au-Court, Deville, Balan, Margut, etc. La production du fer, en 1880, a été de 42,646 tonnes; celle de la fonte, de 16,013 ; celle de la tôle, de 20,183 ; celle de l'acier, de 320. Il existe des *tréfileries de fer, de cuivre* ou *de laiton* à Sedan, Carignan, Charleville, Brevilly, Pure, Givet, Nouzon, Monthermé, Flize, etc. Les ateliers de *ferronnerie* et de *quincaillerie* sont au nombre de 102, répartis dans les communes de Charleville, Nouzon, Warcq, Vrigne-aux-Bois, Vivier-au-Court, Arreux, Braux, Bogny, Revin, etc. Les *clouteries* et *pointeries*, au nombre de 37, sont disséminées surtout dans l'arrondissement de Mézières (cette ville en possède 16 à elle seule), à Nouzon, Montcy-Notre-Dame, Laval-Dieu, Carignan, Brévilly, etc. Les *boulons, écrous* et *rivets* (environ 40 ateliers) sont surtout fabriqués à Charleville, Braux, Bogny-sur-Meuse, Château-Regnault, Thilay, etc.; les *boucles* et les *éperons*, à Angecourt et à Raucourt (16 ateliers). Le *polissage des métaux* occupe de nombreux ouvriers à Raucourt, Angecourt, Monthermé, etc. Les *constructeurs mécaniciens*, au nombre de 46, sont principalement groupés à Sedan, Rethel, Saint-Étienne-à-Arnes, Balan, etc. Il existe en outre des ateliers importants de construction d'usines à Aubrives (matériel de chemin de fer) et à Boulzicourt; des ateliers pour la réparation des machines de la compagnie du chemin de fer de l'Est, à Mohon; des fabriques d'*outils de maréchalerie*, à Charleville, à Donchery et à Vivier-au-Court ; d'*instruments aratoires*, à Carignan, Givonne, Vouziers, etc.; d'*instruments de pesage*, à Charleville et à Mézières. En résumé, les industries qui ont pour objet la transformation du fer et de la fonte occupent 15,000 ouvriers environ et produisent en objets fabriqués pour une valeur de 26 millions de francs.

Les **filatures de laine** du département sont au nombre de 81, dont 51 dans l'arrondissement de Sedan, 16 dans celui de Rethel, 13 dans celui de Mézières, et 1 dans celui de Rocroi. Les localités où elles existent en plus grand nombre sont : Rethel, Signy-l'Abbaye, Carignan, Daigny, Givonne, Bazeilles, Mouzon, Matton, Noyers, Balan, Hannogne-Saint-Martin, Angecourt, etc. Le **drap** (94 fabriques dans le département) est fabriqué surtout dans l'arrondissement de Sedan (82 fabriques dont 76 à Sedan et le reste à Floing, Carignan et Donchery). Dans celui de Rethel on en compte 6, dont 5 dans cette ville et 1 à Neuflize ; dans l'arrondissement de Vouziers, il n'en existe qu'à Attigny, Hauviné et Saint-Étienne. La fabrication des draps à Sedan est considérable, et ses produits ont une réputation universelle justement méritée. La statistique officielle porte, pour l'année 1877, à 259 le nombre des établis-

sements (filatures et ateliers de tissage) existant dans les Ardennes.
Ces établissements, qui possèdent 358,300 broches presque toutes
en activité, 1,100 métiers mécaniques et 5,350 à bras, sont mis
en mouvement par 3,000 chevaux-vapeur et occupent 9,500 ouvriers.

Parmi les autres industries qui s'occupent de la transformation
de la laine, nous citerons : la belle usine (avec cités ouvrières) de
Neuflize, où l'on fabrique le *mérinos* ; celle de Rethel (1,200 ouvriers), qui produit des mérinos et *flanelles*, et celle de Renwez (80
métiers, flanelles et mousselines de laine). Il existe des *carderies* de
laine à Sedan, Balan, Haraucourt, Montcy-Saint-Pierre ; des *foulons* à
Sedan (17 usines), Carignan, Bosséval, Donchery, Douzy, la Ferté,
Floing, etc., en tout 31. Les *apprêteurs d'étoffes* (en tout 65) sont
plus nombreux encore dans l'arrondissement de Sedan, et surtout
dans cette ville, où l'on en compte 55 ; les autres sont établis à Donchery, Balan et Floing. D'après M. I. Carré, les ouvriers occupés à la
transformation de la laine sont au nombre de 17,000, et le produit
de leur travail atteint 55 millions de francs.

Nous citons ci-dessous, par ordre alphabétique, les industries de
moindre importance, dont quelques-unes sont spéciales au département. Les *bois cintrés* à la vapeur sont fabriqués à Villers-Semeuse,
les *merrains* et *cerceaux* à Sapogne. 228 *brasseries* sont disséminées sur tout le territoire. Les *brosses* se fabriquent à Charleville,
Braux, Matton, Renwez, Sapogne ; les *briques*, à Attigny, Balaives
(tuyaux), Blanchefosse, Charleville, au Chesne, à Douzy, Mondigny, Signy-le-Petit (drains et faîtières), Warcq, etc.; la *carrosse-
rie*, à Attigny, Balan, Charleville, Carignan, Mézières, Rethel, Vouziers ; les *chaises fines*, à Sapogne (20 ateliers) ; la *chicorée*, à
Charleville, Douzy, Renwez, etc.; la *colle forte*, à Givet ; les produits de la *confiserie*, à Charleville, Sedan, Rethel, Rivet, Attigny,
Mézières, etc.; la *cordonnerie*, à Signy-le-Petit ; les *couleurs*, à
Prix et à Raillicourt ; les *crayons*, à Givet ; les *eaux-de-vie* de vins,
marcs, cidres et fruits, ainsi que les *liqueurs*, à Tourteron, etc.
(1,900 hectolitres par an) ; et la *gobeletterie*, à Charleville. Il y a
des *imprimeries* à Charleville, Rethel, Vouziers, Mézières et Sedan ;
des fabriques de *miroirs*, à Charleville. On compte dans le département au moins 120 moulins, groupés surtout dans les arrondissements de Rethel et de Vouziers ; les plus importants sont ceux
de Rilly (16 paires de meules), de Mohon (14 paires), de Carignan
de Balham, etc.

Le *noir animal* est fabriqué à Dom-le-Mesnil et à Signy-le-Petit ; le
papier et le *carton*, à Attigny (carton), Avaux, Bossus, Launois (tubes

en carton), Montgon, Murtin, Pouru-Saint-Remy et This. La fabrication des *pipes* occupe à Charleville et surtout à Givet plus de 600 ouvriers ; celle des *poteries* est limitée aux communes de Jandun, Mondigny et Signy-le-Petit ; la *poudre* est fabriquée dans l'importante usine
de la Francheville à Saint-Ponce ; les *sabots*, à Signy-le-Petit
(100,000 paires par an) ; le *savon*, à Balan et à Givet (1,200 quintaux
métriques, d'une valeur de 104,400 francs). Des *scieries mécaniques*
fonctionnent à Bourg-Fidèle, Mohon, Carignan, Fumay, Haybes, Guignicourt, etc.

Acy, Attigny, Auboncourt, Charleville, Châtel-Chéhéry, le Chesne,
Coucy, Douzy, Écly, Saint-Germainmont, Scraincourt, Sery, Villers-
devant-le-Thour et Vouziers possèdent des *sucreries* produisant ensemble pour environ 4,105,500 francs de sucre et 576,000 de mé-
lasse. Les objets de *taillanderie* sont fabriqués à Charleville
(étaux, crics, etc.), Givonne, Douzy (crics, leviers), Nouzon, Sedan,
Vivier-au-Court, etc., en tout dans 40 ateliers. Les *tanneries* et *cor-
roieries*, disséminées, au nombre d'environ 40, dans les cinq arrondissements, sont réunies surtout à Givet, Charleville, Mouzon, Rethel,
Vouziers, etc. ; les *teintureries* sont groupées à Sedan, Floing et
Mézières ; les *tourneries de bois*, à Tagnon et Sapogne ; les *vanneries*
à Givry, Neuville et au Thour. Enfin Charleville possède une *verrerie*
occupant 150 ouvriers, mue par 12 chevaux vapeur et dont les
produits annuels s'élèvent au chiffre de 518,400 francs.

XII. — Commerce, chemins de fer, routes.

Le département des Ardennes *exporte :* des grains, des bestiaux,
des chevaux, des porcs, du sucre, du miel, de la cire, de la bière,
des fruits, des liqueurs, du fer, de la fonte, de l'acier, de la tôle,
des articles de ferronnerie, marteaux, enclumes, clous, pointes,
essieux, machines ; des articles de quincaillerie, des peaux, des tissus
de laine, des draps, du papier, du bois à brûler, des bois destinés
aux mines du Nord et de la Belgique, enfin du tan.

Il *importe* des laines brutes, destinées aux fabriques de Sedan,
des denrées étrangères au sol et les denrées coloniales, des articles
d'ameublement, de modes, de librairie, de bijouterie, d'épicerie, et
environ 2,800,000 quintaux métriques de houille, provenant de Sar-
rebruck (10,500 quintaux) et de la Belgique (2,780,000 quintaux).

Le département des Ardennes est traversé par 9 chemins de fer
ayant ensemble un développement de 342 kilomètres.

1° Le chemin de fer *de Namur à Reims* passe de la Belgique dans les Ardennes à 2,500 mètres au nord de la gare de Givet. Outre cette station, il dessert celles de Vireux-Molhain, Haybes, Fumay, Revin, Laitour, Deville, Monthermé, Braux-Levrezy, Nouzon, Mézières-Charleville, Mohon, Boulzicourt, Poix-Terron, Launois, Saulces-Monclin, Amagne (Est), Rethel, Tagnon et du Châtelet. 5 kilomètres 1/2 plus loin, il entre dans le département de la Marne. Parcours, 135 kilom.

2° Le chemin de fer *d'Amagne à Vouziers et à Apremont* s'embranche sur la ligne précédente à Amagne; outre cette station, il dessert celles d'Alland'huy, d'Attigny, de Rilly-Semuy, Voncq, Vrizy-Vandy, Vouziers, Savigny, Saint-Morel, Monthois, Challerange, Vaux-lès-Mouron, Senuc-Termes, Grandpré, Marcq-Saint-Juvin, Cornay-Fléville, Châtel-Chéhéry et Apremont. Parcours, 66 kilomètres.

3° Le chemin de fer *de Mézières-Charleville à Montmédy* quitte la ligne de Namur (Belgique) à Mézières, dessert les stations de Mohon, Nouvion-sur-Meuse, Vrigne-Meuse, Donchery, Sedan, Pont-Maugis, Bazeilles, Douzy, Pouru-Brévilly, Sachy, Carignan, Blagny, Margut, et, 3,500 mètres au delà, passe dans le département de la Meuse. Parcours, 49 kilomètres 1/2.

4° Le chemin de fer *d'Hirson à Mézières* entre dans le départemen à 2 kilomètres avant d'arriver à la station de Signy-le-Petit, qu'il dessert ainsi que celles d'Auvillers-Rumigny, de Maubert-Fontaine, du Tremblois, de Rimogne, Lonny-Renwez, Tournes, Belval-Sury et Mézières. Parcours, 41 kilomètres.

5° Le chemin de fer d'intérêt local *de Vrigne-Meuse à Vrigne-aux-Bois* se détache à Vrigne-Meuse de la ligne de Mézières à Montmédy et dessert Vrigne-aux-Bois. Parcours, 5 kilomètres.

6° Le chemin de fer d'intérêt local *de Carignan à Messempré* se détache à Carignan de la ligne de Mézières à Montmédy, et dessert Osnes-Pure et Messempré. Parcours, 7 kilomètres.

7° Le chemin de fer d'intérêt local *de Pont-Maugis à Raucourt* s'embranche à la station de Pont-Maugis sur la ligne de Sedan à Lérouville, et dessert Remilly, Angecourt, Haraucourt et Raucourt. Parcours, 10 kilomètres.

8° Le chemin de fer *de Sedan à Lérouville* s'embranche à Sedan sur la ligne de Mézières à Montmédy, dessert Pont-Maugis, Remilly, Autrecourt, Mouzon, Létanne-Beaumont, et, 2 kilomètres au delà de cette station, quitte le département des Ardennes pour celui de la Meuse. Parcours, 29 kilomètres.

9° Le chemin de fer *de Vireux-Molhain à Anor* s'embranche à Vireux sur la ligne de Namur à Reims, et, 2 kilomètres après, quitte le département des Ardennes pour entrer en Belgique.

Les voies de communication comprennent 5,859 kilomètres 1/2, savoir :

9 chemins de fer.		342 kil.
7 routes nationales.		386
Routes départementales..		212
Chemins vicinaux ⎰ de grande communication. . . .	913 ⎱	
de moyenne communication. . .	1,358 ⎰ 4,681	
⎱ de petite communication	2,410 ⎰	
2 canaux.		96
2 rivières navigables		142

XIII. — Dictionnaire des communes.

Acy, 505 h., c. de Rethel.

Adon, 179 h., c. de Chaumont-Porcien.

Aiglemont, 692 h., c. de Charleville. ⟶ Camp romain.

Aignan (Saint-), 331 h., c. (Sud) de Sedan. ⟶ Tunnel du canal.

Aire, 336 h., c. d'Asfeld.

Alincourt, 268 h., c. de Juniville.

Ailand'huy-et-Sausseuil, 589 h., c. d'Attigny.

Alleux (Les), 427 h., c. du Chesne. ⟶ La Maison-Rouge, beau château (vaste parc).

Amagne, 669 h., c. de Rethel. ⟶ Église du XVIᵉ s.

Amblimont, 333 h., c. de Mouzon.

Ambly-Fleury, 459 h., c. de Rethel.

Anchamps, 220 h., c. de Fumay.

Andevanne, 89 h., c. de Buzancy.

Angecourt, 705 h., c. de Raucourt.

Annelles, 287 h., c. de Juniville.

Antheny, 331 h., c. de Rumigny. ⟶ Château à Fontenelle.

Aouste, 587 h., c. de Rumigny. ⟶ Église crénelée. — Restes d'un château fort.

Apremont, 729 h., c. de Grandpré.

Ardeuil-et-Montfauxelles, 160 h., c. de Monthois.

Armoises (Les Grandes-), 245 h., c. du Chesne.

Armoises (Les Petites-), 231 h., c. du Chesne.

Arnicourt, 354 h., c. de Rethel. ⟶ Château du XVIᵉ s.

Arreux, 338 h., c. de Renwez.

Artaize-le-Vivier, 589 h., c. de Raucourt.

Asfeld, 1,057 h., ch.-l. de c. de l'arrond. de Rethel, sur l'Aisne. ⟶ Église de 1683, fac-similé grotesque de Saint-Pierre de Rome.

Attigny, 1,873 h., ch.-l. de c. de l'arrond. de Vouziers, sur l'Aisne. ⟶ Église paroissiale (mon. hist.[1]) en majeure partie du XIIIᵉ s.; tour romane; belles sculptures du portail latéral. — Hôtel de ville dont le porche est le reste du palais élevé par Clovis II. — Mosquée (mon. hist.), vieil édifice transformé en école. — Halle couverte. — Jardins sur l'emplacement de l'abbaye de Saint-Basle.

Aubigny, 425 h., c. de Rumigny. ⟶ Sources alimentant l'Audry.

Auboncourt-Vauzelles, 272 h., c. de Novion-Porcien.

Aubrives, 460 h., c. de Givet.

Auflance, 275 h., c. de Carignan.

Auge, 174 h., c. de Signy-le-Petit.

Aure, 133 h., c. de Monthois.

Aussonce, 595 h., c. de Juniville.

Authe, 367 h., c. du Chesne.

Autrecourt-et-Pourron, 851 h., c. de Mouzon.

Autry, 522 h., c. de Monthois. ⟶

1. On appelle *monuments historiques* les édifices reconnus officiellement comme présentant de l'intérêt au point de vue de l'histoire de l'art, et susceptibles, pour cette raison, d'être subventionnés par l'État.

Église de forme singulière, sur un roc.

Autruche, 207 h., c. du Chesne.

Auvillers-les-Forges, 675 h., c. de Signy-le-Petit.

Avançon, 464 h., c. de Château-Porcien.

Avaux, 649 h., c. d'Asfeld.

Ayvelles (Les), 334 h., c. de Flize.

Baalons, 609 h., c. d'Omont.

Balaives-et-Butz, 374 h., c. de Flize.

Balan, 1,736 h., c. (Sud) de Sedan.

Balham, 283 h., c. d'Asfeld. »»→
Église du XIVe s.; beau vitrail.

Ballay, 375 h., c. de Vouziers.

Banogne-et-Recouvrance, 562 h. c. de Château-Porcien.

Bar, 189 h., c. de Buzancy.

Barbaize, 279 h., c. de Signy-l'Abbaye.

Barby, 414 h., c. de Rethel. »»→
Dans le mur extérieur de l'église, pierre qui porte une inscription, à la mé-

Attigny.

moire, dit-on, de la mère de Gerson.

Barricourt, 267 h., c. de Buzancy.

Bay, 283 h., c. de Rumigny.

Bayonville, 464 h., c. de Buzancy.

Bazeilles, 1,768 h., c. (Sud) de Sedan. »»→ Château qu'habita Turenne enfant. — Château moderne de Montvillé. — Au centre de la place, monument élevé à la mémoire des soldats français tués dans les journées du 31 août et du 1er septembre 1870.

Beaulieu, 237 h., c. de Signy-le-Petit.

Beaumont, 1,190 h., c. de Mouzon.

Beffu-et-le-Morthomme, 230 h., c. de Grandpré.

Belleville, 253 h., c. du Chesne.

Belval, 182 h., c. de Mézières.

Belval-Bois-des-Dames, 200 h., c. de Buzancy. »»→ Abbaye ruinée de 1135.

Bergnicourt, 287 h., c. d'Asfeld

Berlière (La), 206 h., c. de Buzancy.

Bertoncourt, 299 h., c. de Rethel.

Besace (La), 267 h., c. de Raucourt.

Biermes, 354 h., c. de Rethel.

Bièvres, 539 h., c. de Carignan. ⟶ Pèlerinage très fréquenté de Saint-Walfroi.

Bignicourt, 196 h., c. de Juniville. ⟶ La Font aux Sorciers, belle source.

Blagny, 402 h., c. de Carignan.

Blaise, 215 h., c. de Vouziers.

Blanchefosse, 625 h., c. de Rumigny. ⟶ Abbaye ruinée de Bonnefontaine (1152). — Église du xvi* s.

Blanzy, 625 h., c. d'Asfeld.

Blombay, 400 h., c. de Rocroi.

Bosséval, 514 h., c. (Nord) de Sedan.

Bossus-lès-Rumigny, 244 h., c. de Rumigny. ⟶ Église du xvi* s., avec tours et mâchicoulis.

Bouconville, 307 h., c. de Monthois. ⟶ Restes de fortifications.

Boult-aux-Bois, 487 h., c. du Chesne. ⟶ Restes d'une commanderie de Templiers.

Boulzicourt, 1,150 h., c. de Flize. ⟶ Restes d'un vieux château.

Bourcq, 248 h., c. de Vouziers. ⟶ Château ruiné.

Bourg-Fidèle, 950 h., c. de Rocroi.

Boutancourt, 425 h., c. de Flize.

Bouvelemont, 286 h., c. d'Omont.

Braux, 2,540 h., c. de Monthermé. ⟶ Ancienne église collégiale (mon. hist.), mal réparée; bas-reliefs très anciens, aux autels et à la chapelle des fonts baptismaux; cloche de 1400. — Pont suspendu entre Braux et Levrezy.

Brécy-Brières, 327 h., c. de Monthois.

Brévilly, 505 h., c. de Mouzon.

Brienne, 320 h., c. d'Asfeld.

Brieulles-sur-Bar, 521 h., c. du Chesne.

Briquenay, 415 h., c. de Buzancy.

Brognon, 502 h., c. de Signy-le-Petit. ⟶ Restes d'un petit fort.

Bulson, 263 h., c. de Raucourt.

Buzancy, 826 h., ch.-l. de c. de l'arrond. de Vouziers, sur la Hideuse. ⟶ Château de la Cour, qui a remplacé, dit-on, une maison habitée par saint Remi, archevêque de Reims; à l'entrée, deux lions gigantesques, offerts par Louis XV à Stanislas, roi de Pologne. — Mosquée ou Mahomet, restes d'un curieux édifice carré. —Près de la chapelle de Masmes, se trouve un couvent ruiné.

Carignan, 2,115 h., ch.-l. de c. de l'arrond. de Sedan, sur la Chiers. ⟶ Église du xiv* s. — Restes de fortifications.

Cassine (La), 185 h., c. d'Omont. ⟶ Beau château moderne.

Cauroy, 246 h., c. de Machault.

Cerleau (La), 174 h., c. de Rumigny.

Cernion, 133 h., c. de Rumigny.

Chagny, 704 h., c. d'Omont.

Chalandry-Élaire, 159 h., c. de Flize.

Challerange, 327 h., c. de Monthois. ⟶ Château ruiné.

Champigneul-sur-Vence, 177 h., c. de Flize.

Champigneulle, 351 h., c. de Grandpré.

Champlin, 154 h., c. de Rumigny.

Chapelle (La), 509 h., c. (Nord) de Sedan.

Chappes, 295 h., c. de Chaumont-Porcien.

Charbogne, 449 h., c. d'Attigny. ⟶ Église du xv* s. — Château du xvi* s.

Chardeny, 169 h., c. de Machault.

Charleville, V. de 13,789 h., ch.-l. de c. de l'arrond. de Mézières, sur la rive g. de la Meuse. ⟶ *Église paroissiale* moderne (1863) dans le style roman de transition. — *Hôtel de ville* de 1843, sur la place Ducale. — Sur la place du Sépulcre, *bibliothèque* renfermant 25,000 volumes et 400 manuscrits du xi* au xvi* s., et *séminaire* avec jolie *chapelle*. — *Théâtre* (1859). — *Palais de Justice*. — *Maison d'arrêt*. — *Hôtel-Dieu*. — Beau *lycée* nouvellement construit, près de la promenade du Petit-Bois. — *Place Ducale*, longue de 126 mètres, large de 90 mèt., et entourée de maisons en briques avec arcades surbaissées. — *Pavillon* pittoresque du *Moulin*, dans le style du xvii* s. — *Monument* élevé aux Ardennais morts pour la patrie en 1870-1871. — *Port* très fréquenté, sur la Meuse. — *Promenades* du *Petit-Bois* et des *Boulevards*. — Au N. de la ville, sur le *Mont-Olympe*, restes d'une *forteresse* construite par le prince de Gonzague.

Charnois, 117 h., c. de Givet.

Château-Porcien, 1,768 h., ch.-l. de c. de l'arrond. de Rethel, sur l'Aisne.

➤ Restes des fortifications du château. — Église du XVIᵉ s., surmontée d'une belle tour.

Château-Regnault, 1,650 h., c. de Monthermé. ➤ Tunnel du chemin de fer de Mézières à Givet.

Châtel-Chéhéry, 732 h., c. de Grandpré.

Châtelet (Le), 387 h., c. de Juni-

Monument commémoratif, à Charleville.

ville. ➤ Restes d'un camp romain.

Châtelet (Le), 433 h., c. de Rocroi. ➤ Ancienne tour d'un château.

Châtillon-sur-Bar, 287 h., c. du Chesne.

Chaumont-Porcien, 946 h., ch.-l. de c. de l'arrond. de Rethel.

Chéhéry, 189 h., c. (Sud) de Sedan. ➤ Château de Rocan, de 1556.

Chémery, 726 h., c. de Raucourt. ➤ Curieuse fontaine intermittente.

Chesne (Le), 1,608 h., ch.-l. de c. de l'arrond. de Vouziers, sur le canal des Ardennes. ➤ Église jadis fortifiée.

Chesnois-Auboncourt, 490 h., c. de Novion-Porcien.

Chestres, 356 h., c. de Vouziers.

Cheveuges, 652 h., c. (Sud) de Sedan.

Chevières, 234 h., c. de Grandpré.

Chilly, 550 h., c. de Rocroi. ➡➡➡ Église avec tour crénelée.

Chooz, 719 h., c. de Givet.

Chuffilly-Roche, 303 h., c. d'Attigny.

Clavy-Warby, 656 h., c. de Signy-l'Abbaye.

Clément (Saint-), 268 h., c. de Machault.

Cliron, 294 h., c. de Renwez.

Condé-lès-Autry, 365 h., c. de Monthois. ➡➡➡ Grotte inexplorée.

Condé-lès-Herpy, 275 h., c. de Château-Porcien. ➡➡➡ Château.

Condé-lès-Vouziers, 391 h., c. de Vouziers. ➡➡➡ Château.

Connage, 208 h., c. de Raucourt.

Cons-la-Granville, 757 h., c. de Mézières.

Contreuve, 248 h., c. de Vouziers.

Cornay, 499 h., c. de Grandpré.

Corny-Machéroménil, 367 h., c. de Novion-Porcien.

Coucy, 107 h., c. de Rethel.

Coulommes-et-Marquny, 355 h., c. d'Attigny.

Croix-aux-Bois (La), 458 h., c. de Vouziers.

Daigny, 581 h., c. (Sud) de Sedan.

Damouzy, 415 h., c. de Charleville.

Deux-Villes (Les), 492 h., c. de Carignan.

Deville, 1,258 h., c. de Monthermé.

Dom-le-Mesnil, 789 h., c. de Flize.

Dommery, 408 h., c. de Signy-l'Abbaye.

Donchery, 1,970 h., c. (Sud) de Sedan. ➡➡➡ Église du XVIe s.; belles fenêtres. — Mur d'enceinte, reste d'anciennes fortifications.

Doumely-Bégny, 551 h., c. de Chaumont-Porcien.

Doux, 190 h., c. de Rethel.

Douzy, 1,844 h., c. de Mouzon.

Draize, 275 h., c. de Chaumont-Porcien.

Dricourt, 83 h., c. de Machault.

Écaille (L'), 252 h., c. d'Asfeld.

Échelle (L'), 315 h., c. de Rumigny.

Écly, 560 h., c. de Château-Porcien.

Écordal, 814 h., c. de Tourteron. ➡➡➡ Château.

Élan, 175 h., c. de Flize. ➡➡➡ Église du XVIIIe s. — Fontaine Saint-Roger, but de pèlerinage.

Escombres-et-le-Chesnois, 937 h. c. (Sud) de Sedan.

Estrebay, 267 h., c. de Rumigny.

Étalle, 214 h., c. de Rocroi. ➡➡➡ Tombeaux celtiques.

Éteignières, 704 h., c. de Signy-le-Petit.

Étienne-à-Arnes (Saint-), 601 h., c. de Machault.

Étion, 150 h., c. de Charleville.

Étrépigny, 257 h., c. de Flize.

Euilly-et-Lombut, 356 h., c. de Mouzon.

Évigny, 222 h., c. de Mézières.

Exermont, 308 h., c. de Grandpré.

Fagnon, 317 h., c. de Mézières. ➡➡➡ Restes de l'abbaye de Sept-Fontaines (1129), dans une maison particulière.

Faissault, 411 h., c. de Novion-Porcien.

Falaise, 518 h., c. de Vouziers.

Faux, 116 h., c. de Novion-Porcien.

Fépin, 459 h., c. de Fumay.

Férée (La), 458 h., c. de Rumigny.

Fergeux (Saint-), 550 h., c. de Château-Porcien.

Ferté (La), 460 h., c. de Carignan.

Flaignes-les-Oliviers, 280 h., c. de Rumigny.

Fleigneux, 408 h., c. (Nord) de Sedan.

Fléville, 459 h., c. de Grandpré.

Fligny, 218 h., c. de Signy-le-Petit.

Flize, 486 h., ch.-l. de c. de l'arrond. de Mézières, sur la Meuse. ➡➡➡ Beau château du XVIIe s.; parc dessiné par Le Nôtre.

Floing, 2,238 h., c. de Sedan.

Foiches, 218 h., c. de Givet. ➡➡➡ Église dépendant autrefois d'une maison de Templiers.

Fossé, 240 h., c. de Buzancy. ➡➡➡ Chapelle de Mame. — Couvent ruiné.

Foulzy, 200 h., c. de Rumigny. ➡➡➡ Gouffre.

Fraillicourt, 622 h., c. de Chaumont-Porcien.

Francheval, 1,485 h., c. (Sud) de Sedan.

Francheville (La), 602 h., c. de Mézières.

Frénois, 295 h., c. (Sud) de Sedan.

Fréty (Le), 461 h., c. de Rumigny.

Fromelennes, 878 h., c. de Givet. »»→ Grotte très profonde, d'accès difficile, dans la montagne de Michet.

Fromy, 178 h., c. de Carignan.

Fumay, 4,857 h., ch.-l. de c. de l'arrond. de Rocroi, dans une presqu'île formée par la Meuse. »»→ Sites pittoresques.

Germainmont (Saint-), 979 h., c. d'Asfeld.

Germont, 158 h., c. du Chesne.

Gernelle, 374 h., c. de Mézières.

Gespunsart, 2,236 h., c. de Charleville. »»→ Église de la fin du xviii° s., richement décorée.

Girondelle, 254 h., c. de Rumigny.

Château de Bellevue (*V.* p. 54).

Givet, 5,575 h., ch.-l. de c. de l'arrond. de Rocroi, situé sur les deux rives de la Meuse, divisé en trois parties : le *Grand-Givet,* entre la rive g. du fleuve et la citadelle; le *Petit-Givet,* sur la rive dr., et enfin la *citadelle de Charlemont,* sur un rocher escarpé. »»→ *Église Saint-Hilaire,* du xii° s.; belles boiseries sculptées (scènes de la Bible), dans le chœur et les confessionnaux; retable, dans le goût du xvii° s. — *Hôtel de ville.* — *Monument* (1841) élevé à la mémoire de Méhul. — Ancienne *tour.* — *Forteresse de Charlemont* conservant une partie des fortifications du temps de Charles-Quint à côté de celles élevées par Vauban. — Beau *pont* en pierre de 5 arches conduisant au Petit-Givet, où se trouve l'ancienne *église de Notre-Dame,* presque entièrement construite en 1729. — Sur la hauteur appelée le *mont d'Haur, tour* et vestiges de fortifications.

Givonne, 1,388 h., c. (Nord) de Sedan.

Givron, 502 h., c. de Chaumont-Porcien.

Givry, 506 h., c. de Rethel. ➤ Église du xvıᵉ s. — Chapelle de Montmarin, du xvıᵉ s., près d'une source, objet d'un pèlerinage. — Débris d'un château.

Glaire-et-Villette, 362 h., c. (Nord) de Sedan. ➤ Château de Bellevue (V. p. 34).

Gomont, 521 h., c. d'Asfeld.

Grandchamp, 274 h., c. de Novion-Porcien.

Grandham, 220 h., c. de Grandpré.

Grandpré, 1,521 h., ch.-l. de c. de l'arrond. de Vouziers, sur l'Aire. ➤ Belle église ; tombeau de Claude de Joyeuse.

Grivy-Loisy, 467 h., c. de Vouziers.

Gruyères, 110 h., c. de Signy-Abbaye. ➤ Anciennes sépultures.

Gué-d'Hossus, 858 h., c. de Rocroi.

Guignicourt, 522 h., c. de Flize. ➤ Ancien château.

Guincourt, 519 h., c. de Tourteron.

Hagnicourt, 176 h., c. de Novion-Porcien. ➤ Château d'Harzillemont.

Ham-les-Moines, 264 h., c. de Renwez.

Ham-sur-Meuse, 501 h., c. de Givet.

Hannappes, 592 h., c. de Rumigny. ➤ Église du xvıᵉ s.

Hannogne-Saint-Martin, 655 h., c. de Flize.

Hannogne-St-Remy, 472 h., c. de Château-Porcien. ➤ Chapelle de la Vierge, près d'une fontaine (pèlerinage).

Haraucourt, 1,054 h., c. de Raucourt.

Harcy, 817 h., c. de Renwez. ➤ Château ruiné.

Hardoye (La), 349 h., c. de Chaumont-Porcien. ➤ Restes d'un ancien château.

Hargnies, 1,697 h., c. de Fumay. ➤ Château ruiné. — Église, pèlerinage fréquenté le lundi de la Pentecôte.

Harricourt, 216 h., c. de Buzancy.

Haudrecy, 296 h., c. de Renwez. ➤ Sarcophages francs.

Haulmé, 283 h., c. de Monthermé.

Hautes-Rivières (Les), 2,133 h., c. de Monthermé.

Hauteville, 281 h., c. de Château-Porcien. ➤ Ruines et fossés d'un château fort.

Hauviné, 597 h., c. de Machault.

Havys, 111 h., c. de Rumigny.

Haybes, 1,989 h., c. de Fumay. ➤ Château ruiné dans l'île de Moraix.

Herbeuval, 390 h., c. de Carignan.

Herbigny, 280 h., c. de Novion-Porcien.

Herpy, 385 h., c. de Château-Porcien. ➤ Église du xvᵉ s. — Château.

Hierges, 281 h., c. de Givet. ➤ Restes d'un château ruiné en 1794.

Hocmont, 98 h., c. de Signy-l'Abbaye.

Horgne (La), 204 h., c. d'Omont.

Houdilcourt, 291 h., c. d'Asfeld.

Houldizy, 278 h., c. de Charleville. ➤ Église flanquée d'une grosse tour.

Iges, 188 h., c. (Nord) de Sedan.

Illy, 946 h., c. (Nord) de Sedan.

Imécourt, 265 h., c. de Buzancy.

Inaumont, 361 h., c. de Château-Porcien. ➤ Château ruiné.

Issancourt-et-Rumel, 513 h., c. de Mézières.

Jandun, 542 h., c. de Signy-l'Abbaye. ➤ Château du xvıᵉ s.

Jean-aux-Bois (Saint-), 645 h., c. de Chaumont-Porcien.

Joigny, 768 h., c. de Charleville.

Jonval, 312 h., c. de Tourteron.

Juniville, 1,296 h., ch.-l. de c. de l'arrond. de Rethel, sur la Retourne.

Justine, 505 h., c. de Novion-Porcien.

Juvin (Saint-), 421 h., c. de Grandpré. ➤ Belle église.

Juzancourt, 201 h., c. d'Asfeld. ➤ Ancien château entouré de fossés.

Laifour, 260 h., c. de Monthermé. ➤ Sites grandioses ; splendides rochers de Laifour (402 mèt.) et des Dames-de-Meuse, dominant la Meuse de 270 mèt. — Cascade haute de 10 mèt., formée par une source minérale.

Lalobbe, 827 'h., c. de Novion-Porcien. ⟶ Château.

Lambert-et-Mont-de-Jeux, 510 h., c. d'Attigny. ⟶ Église du XIIIᵉ s. (chapelle du XIᵉ s.); tombes de la famille de Joyeuse, des XVIᵉ et XVIIᵉ s.

Lametz, 291 h., c. de Tourteron.

Lançon, 216 h., c. de Grandpré.

Landres-et-Saint-Georges, 528 h., c. de Buzancy.

Landrichamps, 147 h., c. de Givet.

Launois, 966 h., c. de Signy-l'Abbaye. ⟶ Église du XVᵉ s., jadis fortifiée, souvent restaurée.

Laurent (Saint-), 625 h., c. de Mézières.

Laval-Morency, 271 h., c. de Rocroi.

Leffincourt, 572 h., c. de Machault.

Lépron-les-Vallées, 179 h., c. de Rumigny.

Létanne, 222 h., c. de Mouzon. ⟶ Enceinte de pierres au Vincy, où aurait existé une ville de ce nom.

Levrezy, 614 h., c. de Monthermé.

Liart, 567 h., c. de Rumigny. ⟶ Château fort ruiné.

Linay, 269 h., c. de Carignan.

Liry, 302 h., c. de Monthois.

Logny-Bogny, 513 h., c. de Rumigny.

Logny-lès-Chaumont, 133 h., c. de Chaumont-Porcien.

Longwé, 420 h., c. de Vouziers.

Lonny, 508 h., c. de Renwez.

Loup-Champagne (Saint-), 426 h., c. de Château-Porcien. ⟶ Château.

Loup-Terrier ou **Aux-Bois (St-)**, 517 h., c. de Tourteron.

Louvergny, 314 h., c. du Chesne.

Lucquy, 528 h., c. de Novion-Porcien.

Lumes, 281 h., c. de Mézières. ⟶ Château ruiné du XVIᵉ s.

Machault, 641 h., ch.-l. de c. de 'arrond. de Vouziers, sur les plateaux crayeux qui séparent l'Aisne, la Retourne et la Suippe. ⟶ Remparts en terre. — Vastes souterrains sous la place et sous les maisons.

Mainbresson, 197 h., c. de Chaumont-Porcien. ⟶ Vestiges d'un ancien château.

Mainbressy, 576 h., c. de Chaumont-Porcien.

Mairy, 343 h., c. de Mouzon.

Maisoncelle, 143 h., c. de Raucourt.

Malandry, 285 h., c. de Carignan. ⟶ Belle église ogivale.

Malmy, 79 h., c. d'Omont.

Manre, 275 h., c. de Monthois. ⟶ Porte d'un ancien château.

Maranwez, 256 h., c. de Signy-l'Abbaye.

Marby, 208 h., c. de Rumigny. ⟶ Château fort ruiné.

Marceau (Saint-), 411 h., c. de Flize. ⟶ Château du XVIIIᵉ s.

Marcel (Saint-), 459 h., c. de Renwez. ⟶ Jolie église du XVᵉ s.; portail et abside remarquables.

Marcq, 510 h., c. de Grandpré.

Margny, 542 h., c. de Carignan.

Margut, 597 h., c. de Carignan.

Marie (Sainte-), 200 h., c. de Vouziers.

Marlemont, 417 h., c. de Rumigny. ⟶ Église; tours à créneaux et mâchicoulis.

Marquigny, 286 h., c. de Tourteron.

Mars-sous-Bourcq, 109 h., c. de Vouziers.

Marvaux-Vieux, 219 h., c. de Monthois.

Matton-et-Clémency, 1,210 h., c. de Carignan.

Maubert-Fontaine, 1,452 h., c. de Rocroi. ⟶ Restes des fossés des anciennes fortifications.

Mazerny, 566 h., c. d'Omont. ⟶ Château ruiné,

Mazures (Les), 1,194 h., c. de Renwez.

Mellier-Fontaine, 95 h., c. de Monthermé.

Menges (Saint-), 2,018 h., c. (Nord) de Sedan.

Ménil-Annelles, 315 h., c. de Juniville.

Ménil-Lépinois, 184 h., c. de Juniville.

Mesmont, 501 h., c. de Novion-Porcien. ⟶ Château.

Messincourt, 1,022 h., c. de Carignan.

Mézières, V. de 5,319 h., ch.-l. d'arrondissement et du département, place de guerre de 1re classe, à l'extrémité d'une presqu'île formée par la Meuse, sur un escarpement de 171 mèt. d'altitude. ➤ *Église paroissiale*, de 1499 à 1566; façade principale achevée en 1586 ; *tour* de 1626 ; cinq nefs, remarquables par la hauteur de leurs voûtes ; les portails latéraux sont du style le plus élégant de la seconde moitié du xve s. ; beaux vitraux des xve et xvie s. Au haut des bas-côtés de droite se trouvent des tables en marbre noir sur lesquelles ont été gravées des inscriptions rappelant, l'une, le souvenir de la levée du siége, en 1521, l'autre, le mariage de Charles IX avec Élisabeth, fille de l'empereur Maximilien II, célébré en 1570. Dans la voûte, au-dessus de la fenêtre de la première travée du chœur, on aperçoit une bombe qui, lancée par les Prussiens en 1815, perça le toit de l'église et la voûte, où elle resta encastrée. En 1870 cette église fut encore plus maltraitée.—*Hôtel de ville* de 1732, renfermant quelques tableaux historiques : le Mariage de Charles IX, le Siège de Mézières, et un portrait de Bayard. —*Hôtel de la préfecture*, du xviiie s.— *Palais de justice*.— *Hôpital*. — *Théâtre*. — *Tour* ou *beffroi*, dans une propriété particulière. — Mur d'enceinte percé de quatre portes (portes d'Arches, de Saint-Julien, du Pont-de-Pierre et de Theux). — *Citadelle* d'où l'on jouit d'une belle vue. — *Pont* de 26 arches, long d'environ 256 mètres, entre Charleville et Mézières.—*Château d'eau*. — *Promenade Saint-Julien*.

Mogues, 594 h., c. de Carignan.

Mohon, 2,595 h., c. de Mézières. ➤ Restes d'un camp romain; deux enceintes, l'une d'un demi-hectare, entourée de fossés de 10 mèt. de profondeur, l'autre contiguë à la première, plus vaste et dont les fossés n'ont que 5 mèt. Dans cette dernière, tumulus de Trohanier, aplati au sommet. — Vestiges du château de Bodegat, ancienne propriété de Mme de Sévigné. — Dans l'église, du xvie s., relique de saint Lié, but d'un pèlerinage renommé.

Moiry, 320 h., c. de Carignan.

Moncelle (La), 582 h., c. (Sud) de Sedan.

Mondigny, 167 h., c. de Flize.

Mont-Dieu (Le), 51 h., c. de Raucourt. ➤ Restes d'une abbaye de Chartreux, de 1150, transformés en villas.

Mont-Saint-Martin, 248 h., c. de Monthois.

Mont-Saint-Rémy, 110 h., c. de Machault.

Montcheutin, 287 h., c. de Monthois.

Montcornet, 295 h., c. de Renwez. ➤ Église des xiie et xiiie s., flanquée de tour et tourelles. — Ruines imposantes d'un château des xve et xvie s. — Restes de remparts du xvie s.

Montcy-Notre-Dame, 850 h., c. de Charleville. ➤ Château ruiné des Fées, au confluent du Voiru et de la Meuse (xvie s.).

Montcy-Saint-Pierre, 575 h., c. de Charleville. ➤ Église du xviie s. — Jolie promenade particulière du Mont-Olympe.

Montgon, 574 h., c. du Chesne.

Monthermé, 3,024 h., ch.-l. de c. de l'arrond. de Mézières, au fond d'une presqu'île formée par la Meuse, entre des hauteurs de 350 à 400 mèt. d'altitude. ➤ Église du xve s. — Église (xviie s.) de l'ancienne abbaye du Val-Dieu, fondée vers le xiie s. (belles boiseries et pierres tombales des xviie et xviiie s.).

Monthois, 578 h., ch.-l. de c. de l'arrond. de Vouziers, au pied de collines, à 2 kilomètres du Jailly. ➤ Église crénelée du xvie s., récemment restaurée.

Montigny-sur-Meuse, 196 h., c. de Fumay.

Montigny-sur-Vence, 514 h., c. d'Omont. ➤ Ancien château flanqué de tourelles, transformé en ferme.

Montlaurent, 258 h., c. de Rethel. ➤ Château.

Montmeillan, 403 h., c. de Chaumont-Porcien.

Morel (Saint-), 595 h., c. de Monthois. ➤ Église du xve s.; belle boiserie sculptée.

Mouron, 282 h., c. de Grandpré.

Mouzon, 1,985 h., ch.-l. de c. de l'arrond. de Sedan, sur la Meuse.⸭⸭⸭→ Belle église (mon. hist. des XIII° et XV° s., récemment restauré) d'une ancienne abbaye de Bénédictins ; deux tours ; à l'intérieur, pierres tumulaires des XV° et XVI° s. — Château de Gévaudan.

Murtin-et-Bogny, 312 h., c. de Renwez. ⸭⸭⸭→ Château moderne. — A Wartigny, château fort.

Nanteuil, 232 h., c. de Rethel. ⸭⸭⸭→ Château.

Neuflize, 863 h., c. de Juniville.⸭⸭⸭→ Beau château moderne (vaste parc).

Neufmaison, 200 h., c. de Signy-l'Abbaye. ⸭⸭⸭→ Château de Val-Content, jadis fortifié. — Fossés d'un château fort.

Neufmanil, 1,622 h., c. de Charleville. ⸭⸭⸭→ Restes d'un ancien château.

Neuville-à-Maire (La), 412 h., c. de Raucourt.

Neuville-aux-Joûtes (La), 1,161 h., c. de Signy-le-Petit. ⸭⸭⸭→ Découverte d'antiquités gauloises (puits, tombes, armes, monnaies, etc.).

Neuville-aux-Tourneurs (La), 550 h., c. de Signy-le-Petit.

Neuville-en-Tourne-à-Fuy (La), 837 h., c. de Juniville. ⸭⸭⸭→ Ruines du village de Germigny, détruit au XVI° s.

Neuville-et-Day, 703 h., c. de Tourteron.

Neuville-lès-This, 401 h., c. de Mézières. ⸭⸭⸭→ Sur la place, tilleul de 18 mèt. de tour.

Neuville-lès-Wasigny (La), 731 h., c. de Novion-Porcien.

Neuvizy, 216 h., c. de Novion-Porcien. ⸭⸭⸭→ Pèlerinage fréquenté.

Noirval, 147 h., c. du Chesne.

Nouart, 670 h., c. de Buzancy.

Nouvion-sur-Meuse, 364 h., c. de Flize. ⸭⸭⸭→ Église du XV° s., à créneaux et mâchicoulis ; panneaux sculptés.

Nouzon, 5,411 h., c. de Charleville, au confluent de la Meuse, du Mardreuil et de la Goutelle. ⸭⸭⸭→ Pont suspendu.

Novion-Porcien, 1,044 h., ch.-l. de c. de l'arrond. de Rethel, sur le Plumion. ⸭⸭⸭→ Château moderne.

Novy-Chevrières, 780 h., c. de Rethel. ⸭⸭⸭→ Belle église (XVII° s.) d'un ancien prieuré de Bénédictins.

Noyers-et-Thélonne, 1,318 h., c. (Sud) de Sedan.

Oches, 250 h., c. de Buzancy.

Olizy, 586 h., c. de Grandpré.

Omicourt, 197 h., c. de Flize.

Omont, 400 h., ch.-l. de c. de l'arrond. de Mézières, sur des collines où naissent des affluents de la Bar. ⸭⸭⸭→ Vestiges d'un château.

Osnes, 461 h., c. de Carignan.

Pargny-Resson, 284 h., c. de Rethel. ⸭⸭⸭→ Château.

Pauvres, 425 h., c. de Machault.

Perthes, 581 h., c. de Juniville. ⸭⸭⸭→ Jolie église du XV° s.

Pierre-à-Arnes (Saint-), 156 h., c. de Machault.

Pierre-sur-Vence (Saint-), 192 h., c. de Flize.

Pierremont (Saint-), 413 h., c. de Buzancy.

Poilcourt, 280 h., c. d'Asfeld.

Poix, 809 h., c. d'Omont.

Pouru-aux-Bois, 673 h., c. (Sud) de Sedan. ⸭⸭⸭→ Château moderne.

Pouru-Saint-Remy, 1,491 h., c. (Sud) de Sedan.

Prez, 166 h., c. de Rumigny. ⸭⸭⸭→ Église garnie de créneaux ; à l'intérieur, 22 médaillons sculptés.

Primat, 112 h., c. de Grandpré.

Prix, 382 h., c. de Mézières.

Puilly-et-Charbeaux, 807 h., c. de Carignan.

Puiseux, 231 h., c. de Novion-Porcien. ⸭⸭⸭→ Restes importants d'un château fort. — Dans l'église, pierres tombales des anciens seigneurs.

Pure, 767 h., c. de Carignan.

Quatre-Champs, 410 h., c. de Vouziers.

Quentin-le-Petit (Saint-), 341 h., c. de Château-Porcien.

Quilly, 171 h., c. de Machault.

Raillicourt, 501 h., c. de Signy-l'Abbaye. ⸭⸭⸭→ Restes d'un ancien château que l'on croit être celui de Crèvecœur.

Rancennes, 229 h., c. de Givet.

Raucourt-et-Flaba, 1,506 h., ch.-l. de c. de l'arrond. de Sedan, sur un affluent de la Meuse.

Regniowez, 76? h., c. de Rocroi.

Remaucourt, 368 h., c. de Chaumont-Porcien. ⟱⟶ Ruines de l'abbaye de la Piscine (XIII⁰ s.).

Remilly-et-Aillicourt, 1,557 h., c. de Raucourt.

Remilly-les-Pothées, 595 h., c. de Renwez. ⟱⟶ Église ogivale crénelée. — Château d'Hardoncelle.

Rémonville, 240 h., c. de Buzancy.

Remy-le-Petit (Saint-), 85 h., c. d'Asfeld.

Renneville, 402 h., c. de Chaumont-Porcien. ⟱⟶ Découverte à Sennicourt de tombes nombreuses et de vestiges d'anciennes habitations.

Renwez, 1,752 h., ch.-l. de c. de l'arrond. de Mézières. ⟱⟶Belle église du XV⁰ s., mal restaurée ; culs-delampe délicatement sculptés décorant l'abside et les chapelles.

Rethel, V. de 7,415 h., ch.-l. d'arrond., situé sur le versant d'une colline, près du canal des Ardennes et de l'Aisne. ⟱⟶ N.-D. des Champs (mon. hist.) composée de deux églises contiguës, mais originairement distinctes ; la partie la plus ancienne date du XIII⁰ s.; les autres sont des XV⁰ et XVII⁰ s.; tour massive de 1650; portail latéral du XVI⁰ s., orné, dans la voussure, de 16 groupes sculptés (légende de saint Nicolas). A l'intérieur : vitrail moderne; chapelle Saint-Gorgon, but de pèlerinage; crypte ogivale, sous la chapelle de la Vierge.— *Chapelle* restaurée d'un ancien couvent de Minimes. — *Hôtel de ville* de 1750. — Ancien *hôtel-Dieu* de 1690, converti en école communale. — *Hospice général.* — *Palais de justice* de 1867 à 1869. — *Prison cellulaire* modèle. —*Théâtre*, dans la *maison* dite *de l'Arquebuse* (XVII⁰ s.). — Anciennes constructions du château de Rethel, converties en habitations particulières. — *Jardins* sur l'emplacement du château. — *Promenade des Iles.*

Revin, 3,550 h., c. de Fumay. ⟱⟶ Église richement décorée. — Bâtiments d'un ancien couvent de Bénédictins. — Deux beaux ponts sur la Meuse.

Rilly-aux-Oies, 334 h., c. d'Attigny.

Rimogne, 1,919 h., c. de Rocroi. ⟱⟶ Ruines du château fort de Montcornet.

Rocquigny, 1,129 h., c. de Chaumont-Porcien.

Rocroi, V. de 2,581 h., ch.-l. d'arrond., place de guerre, sur le plateau qui domine, à l'O., la vallée de la Meuse. ⟱⟶ *Fortifications* élevées par Vauban, percées de deux portes. — *Église* du XVII⁰ s. — Vaste *place* sur laquelle se trouvent les principaux édifices civils et militaires, qui n'ont rien de remarquable.

Roizy, 368 h., c. d'Asfeld. ⟱⟶ Ancien château.

Romagne (La), 596 h., c. de Chaumont-Porcien.

Rouvroy, 159 h., c. de Rumigny.

Rubécourt-et-Lamécourt, 297 h., c. (Sud) de Sedan.

Rubigny, 208 h., c. de Chaumont-Porcien.

Rumigny, 798 h., ch.-l. de c. de l'arr. de Rocroi, sur l'Aube. ⟱⟶Château de la Cour-des-Prés, du XVI⁰ s. — Chapelle de la Houssoye, pèlerinage fréquenté.

Sabotterie (La), 291 h., c. de Tourteron.

Sachy, 190 h., c. de Carignan. ⟱⟶ Dans l'église, bénitier sculpté du XVII⁰s.

Sailly, 437 h., c. de Carignan.

Sapogne, 392 h., c. de Carignan. ⟱⟶ Château de Tassigny ; parc (beaux peupliers).

Sapogne-et-Feuchères, 874 h., c. de Flize.

Saulces-Champenoises, 563 h., c. d'Attigny.

Saulces-Monclin ou **au-Bois**, 1,105 h., c. de Novion-Porcien.

Sault-lès-Rethel, 427 h., c. de Rethel.

Sault-Saint-Remy, 526 h., c. d'Asfeld. ⟱⟶ Enceinte de fossés.

Sauville 869 h., c. du Chesne.

Savigny, 701 h., c. de Monthois. ⟱⟶ Jolie église du XVI⁰ s.; nombreuses pierres tumulaires des XIV⁰, XV⁰ et XVI⁰ s.

Séchault, 280 h., c. de Monthois. ⟱⟶ Voie romaine.

Notre-Dame des Champs, à Rethel.

Sécheval, 513 h., c. de Renwez.

Sedan, V. de 16,593 h., ch.-l. d'arrond., sur la Meuse. ➤ *Église paroissiale*, autrefois temple protestant, bâti en 1593. — *Temple protestant* renfermant les tombeaux de Henri de la Tour d'Auvergne, duc de Bouillon, de sa femme et de divers membres de sa famille. — *Palais de justice;* — *Hôtel de ville;* — *Théâtre :* ces trois édifices, situés sur la place Turenne, sont modernes et sans caractère. — Sur cette place, *statue* en bronze de Turenne. — *Château* ou *citadelle* du xv° s., qui doit son origine à un château dont dépendait un pavillon, aujourd'hui démoli, où est né Turenne. Sur une *tour* voisine de l'emplacement de ce pavillon, plaque en marbre portant ces mots : « *Ici naquit Turenne le 11 septembre 1611.* » — *Promenade des Prêtres.*

Semide, 449 h., c. de Machault.

Semuy, 366 h., c. d'Attigny.

Senuc, 541 h., c. de Grandpré.

Seraincourt, 872 h., c. de Château-Porcien. ➤ Ancienne commanderie de Templiers.

Servion, 177 h., c. de Rumigny. ➤ Église avec tour et tourelles crénelées.

Sery, 1,043 h., c. de Novion-Porcien. ➤ Deux châteaux.

Seuil, 663 h., c. de Rethel. ➤ Ancien château ruiné.

Sévigny-la-Forêt, 330 h., c. de Rocroi. ➤ Voie romaine.

Sévigny-Waleppe, 750 h., c. de Château-Porcien.

Signy-l'Abbaye, 2,907 h., ch.-l. de c. de l'arrond. de Mézières, sur la Vaux naissante. ➤ Belles sources de la Vaux, le *Gibergeon* et la *Fosse-aux-Morliers ;* cette dernière forme un lac profond, d'un hectare de superficie.

Signy-le-Petit, 2,053 h., ch.-l. de c. de l'arrond. de Rocroi, sur un affluent de l'Artois. ➤ Château.

Signy-Montlibert, 510 h., c. de Carignan.

Singly, 255 h., c. d'Omont.

Sivry-lès-Buzancy, 187 h., c. de Buzancy.

Sommauthe, 453 h., c. de Buzancy.

Sommerance, 247 h., c. de Grandpré.

Son, 291 h., c. de Château-Porcien.

Sorbon, 547 h., c. de Rethel.

Sorcy-Bauthémont, 460 h., c. de Novion-Porcien. ➤ Château ruiné.

Sormonne, 422 h., c. de Renwez. ➤ Église ogivale, du xvi° s., défigurée par des restaurations modernes.

Stonne, 224 h., c. de Raucourt. ➤ Église du xiv° s. — Découverte, dans un tumulus, de pierres sculptées provenant probablement de tombes gallo-romaines.

Sugny, 261 h., c. de Monthois.

Sury, 146 h., c. de Mézières.

Suzanne, 300 h., c. de Tourteron. ➤ Château ancien, flanqué de tours.

Sy, 257 h., c. du Chesne. ➤ Restes d'un ancien château.

Tagnon, 1,118 h., c. de Juniville. ➤ Église du xiv° s. (chœur moderne); on remarque le portail, la nef, les chapiteaux et la piscine.

Taillette, 557 h., c. de Rocroi.

Tailly, 446 h., c. de Buzancy. ➤ Restes d'un ancien château, près de l'église. — Château moderne.

Taizy, 237 h., c. de Château-Porcien.

Tannay, 448 h., c. du Chesne. ➤ Église (mon. hist.) des xiii° et xiv° s.; tour carrée à plusieurs étages, avec clocher de 1583 ; dans la chapelle des fonts baptismaux, bas-relief représentant la châsse de Saint-Hubert. — Hôtel de ville de 1830.

Tarzy, 349 h., c. de Signy-le-Petit.

Termes, 571 h., c. de Grandpré. ➤ Église ; haut clocher.

Terron-lès-Vendresse, 369 h., c. d'Omont.

Terron-sur-Aisne, 447 h., c. de Vouziers.

Tétaigne, 224 h., c. de Mouzon.

Thénorgues, 287 h., c. de Buzancy.

Theux (Le), 462 h., c. de Mézières.

Thilay, 1,660 h., c. de Monthermé. ➤ Restes d'un escalier de l'ancien château de Linchamps.

Thin-le-Moûtier, 1,505 h., c. de Signy-l'Abbaye. ➤ Restes d'un pavillon et de sculptures qui appartinrent peut-être à une forteresse habitée par Clovis.

This, 210 h., c. de Mézières.

Thour (Le), 610 h., c. d'Asfeld. ⋙→ Église du xııe s.

Thugny-Trugny, 718 h., c. de Rethel. ⋙→ Tumulus. — Magnifique château du xvıe s.

Toges, 453 h., c. de Vouziers.

Touligny, 113 h., c. d'Omont. ⋙→ Ruines d'un château ou d'un monastère, dans le bois de Hure-Lanterne.

Tourcelles-Chaumont, 161 h., c. de Machault.

Tournavaux, 185 h., c. de Monthermé.

Tournes, 604 h., c. de Renwez. ⋙→ Restes d'un château fort.

Tourteron, 577 h., ch.-l. de c. de l'arrond. de Vouziers, sur le Saint-Lambert.

Tremblois, 258 h., c. de Carignan.

Tremblois-lès-Rocroi, 285 h., c. de Rocroi.

Porte de Rocroi.

Vandy, 634 h., c. de Vouziers. ⋙→ Château de Malva.

Vaubourg (Sainte-), 261 h., c. d'Attigny. ⋙→ Jolie église du xvıe s.

Vaux-Champagne, 307 h., c. d'Attigny.

Vaux-en-Dieulet, 357 h., c. de Buzancy. ⋙→ Église, but de pèlerinage.

Vaux-lès-Mouron, 189 h., c. de Monthois.

Vaux-lès-Mouzon, 343 h., c. de Mouzon.

Vaux-lès-Rubigny, 166 h., c. de Chaumont-Porcien.

Vaux-Montreuil, 565 h., c. de Novion-Porcien.

Vaux-Villaine, 282 h., c. de Rumigny.

Vendresse, 1,072 h., c. d'Omont. ⋙→ Église du xıve s.

Verpel, 416 h., c. de Buzancy. ⋙→ Église crénelée (mon. hist.) du xve s.; sculptures antiques; tombe de René-Louis de Joyeuse.

Verrières, 154 h., c. du Chesne.

Viel-Saint-Remy, 1,059 h., c. de Novion-Porcien. ⟶ Ruines d'un monastère. — Église intéressante.

Vieux-lès-Asfeld, 518 h., c. d'Asfeld. ⟶ Croix de Saint-Amand, sur l'emplacement d'un ancien couvent.

Ville-sur-Lumes, 265 h., c. de Mézières.

Ville-sur-Retourne, 231 h., c. de Juniville.

Villemontry, 163 h., c. de Mouzon.

Villers-Cernay, 762 h., c. (Sud) de Sedan.

Villers-devant-le-Thour, 658 h., c. d'Asfeld. ⟶ Voie romaine.

Villers-devant-Mouzon, 190 h., c. de Mouzon.

Villers-le-Tilleul, 286 h., c. de Flize.

Villers-le-Tourneur, 400 h., c. de Novion-Porcien.

Villers-Semeuse, 902 h., c. de Mézières. ⟶ Château fort.

Villers-sur-Bar, 279 h., c. (Sud) de Sedan.

Villers-sur-le-Mont, 158 h., c. de Flize.

Villy, 345 h., c. de Carignan.

Vireux-Molhain, 1,209 h., c. de Givet. ⟶ Église, ancienne collégiale; belle tour carrée; pierres tombales dont quelques-unes du XII° s.

Vireux-Wallerand, 1,266 h., c. de Givet. ⟶ Château moderne.

Vivier-au-Court, 1,516 h., c. de Mézières.

Voncq, 798 h., c. d'Attigny. ⟶ Église ogivale crénelée.

Vouziers, V. de 3,458 h., ch.-l. d'arrond. situé sur l'Aisne, dans une charmante vallée. ⟶ Église des XV° et XVI° s.; beau portail; à l'intérieur, tapisserie des Gobelins : la *Visitation*, d'après Raphaël.

Vrigne-aux-Bois, 2,386 h., c. (Nord) de Sedan.

Vrigne-Meuse, 168 h., c. de Flize.

Vrizy, 853 h., c. de Vouziers.

Wadelincourt, 477 h., c. (Sud) de Sedan.

Wadimont, 225 h., c. de Chaumont-Porcien.

Wagnon, 501 h., c. de Novion-Porcien.

Warcq, 798 h., c. de Mézières ⟶ Église; détails intéressants d'architecture et beaux restes de verrières du XVI° s. —Tours ayant fait partie de l'enceinte fortifiée. — Vestiges considérables d'une chaussée romaine.

Warnécourt, 258 h., c. de Mézières.

Wassigny, 943 h., c. de Novion-Porcien.

Wignicourt, 184 h., c. de Novion-Porcien.

Williers, 202 h., c. de Carignan. ⟶ Forteresse ruinée.

Yoncq, 359 h., c. de Mouzon.

Yvernaumont, 113 h., c. de Flize.

Imprimerie A. Lahure, 9, rue de Fleurus, à Paris.

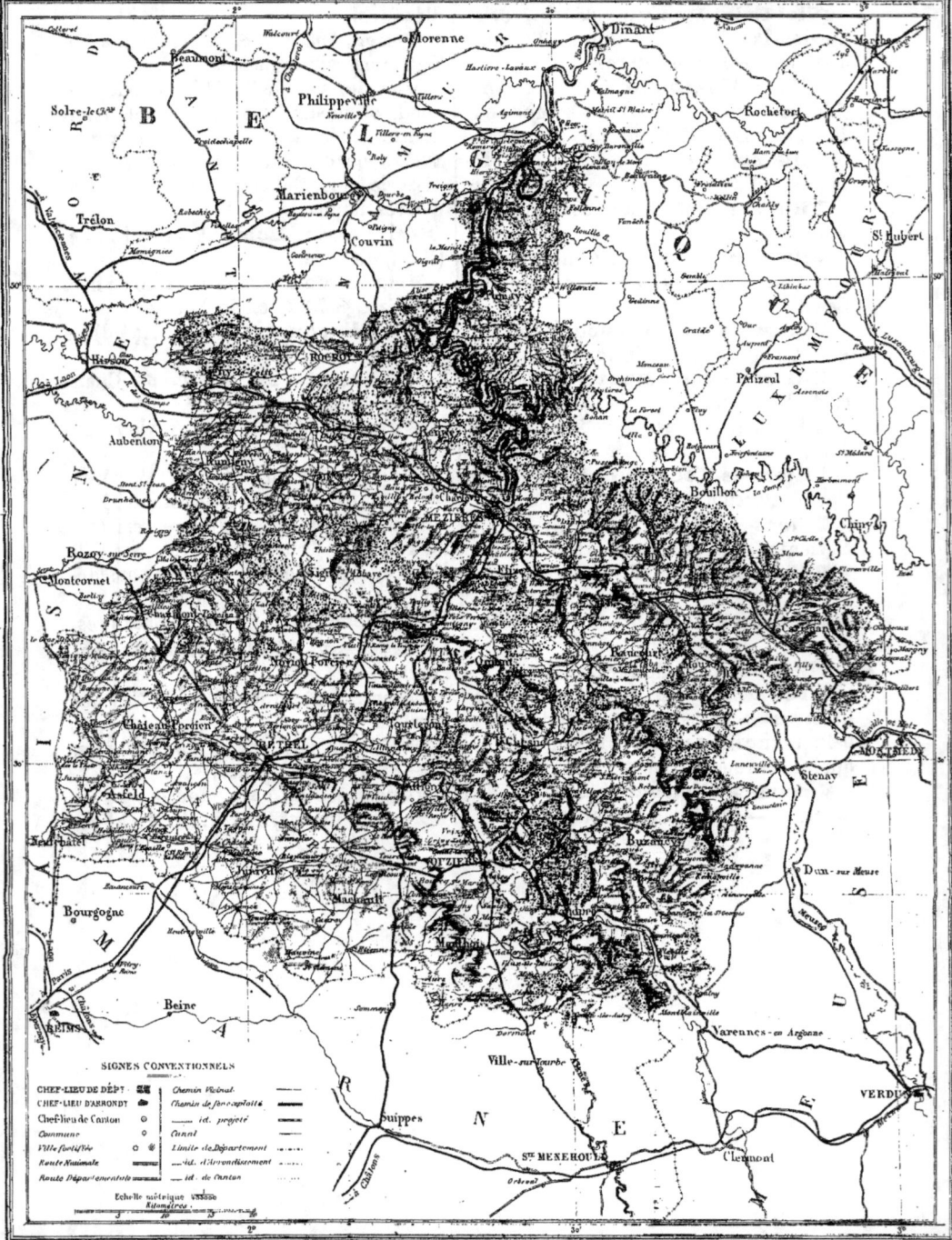

France par ADOLPHE JOANNE.

ARDENNES

Les chiffres indiquent la hauteur en mètres au dessus du niveau de la mer.

Colleret — Beaumont — Walcourt — Morenne — Onhaye — Dinant — Marche

Solre-le-Ch^au — B E L G I Q U E — Philippeville — Neuville — Hastière-Lavaux — Agimont — Houssit St Blaise — Rochefort — St Hubert

Trélon — Froidechapelle — Roly — Couvin — Vodelée — Vodelée — Gedinne — Graide — St Médard — Chipy

Marienbourg — Bouche — Vireux — Felenne — Vresse — La Forêt — Bouillon — St Gilles — Moraville

Hirson — ROCROI — Monceau — Paliseul — Assenois

Aubenton — MÉZIÈRES — St Cirq — Mona

Rozoy-sur-Serre — Signy-l'Abbaye — Montcornet — Signy-le-Petit

Château-Porcien — RETHEL — MONTMÉDY — Stenay

Asfeld — Buzancy — Dun-sur-Meuse

Neufchâtel — Bourgogne — Machault — Vouziers — Grandpré — Varennes-en-Argonne

Beine — Ville-sur-Tourbe — Clermont

REIMS — Suippes — Ste MENEHOULD — VERDUN — Orbeval

LIBRAIRIE HACHETTE ET Cⁱᵉ

A PARIS, BOULEVARD SAINT-GERMAIN, 79

NOUVELLE COLLECTION DES GÉOGRAPHIES DÉPARTEMENTALES
PAR AD. JOANNE
FORMAT IN-12 CARTONNÉ
Prix de chaque volume. . . . . 1 fr.

EN VENTE

Ain.	11 gravures, 1 carte.		Indre-et-Loire. .	21 gravures 1 carte.	
Aisne.	20	1	Isère.	10	1
Allier.	27	1	Jura	12	1
Alpes-Maritimes	15	1	Landes	11	1
Ardèche. . . .	12	1	Loir-et-Cher. .	13	1
Ardennes. . . .	11	1	Loire.	16	1
Ariége.	8	1	Loire-Inférieure	18	1
Aube	12	1	Loiret.	22	1
Aude.	9	1	Lot	8	1
Aveyron	14	1	Lot-et-Garonne.	12	1
Basses-Alpes. .	10	1	Maine-et-Loire.	22	1
Bouch.-du-Rhône	24	1	Manche. . . .	13	1
Calvados. . . .	11	1	Marne.	12	1
Cantal.	14	1	Mayenne . . .	12	1
Charente. . . .	15	1	Meurthe — et —		
Charente-Infér.	14	1	Moselle. . . .	17	1
Cher	12	1	Meuse	9	1
Corrèze.	11	1	Morbihan . . .	13	1
Corse.	11	1	Nièvre.	9	1
Côte-d'Or. . . .	21	1	Nord	17	1
Côtes-du-Nord .	10	1	Oise.	10	1
Deux-Sèvres. .	11	1	Orne	13	1
Dordogne. . . .	14	1	Pas-de-Calais	9	1
Doubs	15	1	Puy-de-Dôme .	16	1
Drôme.	15	1	Pyrén.-Orient .	13	1
Eure.	15	1	Rhône.	19	1
Eure-et-Loir . .	17	1	Saône-et-Loire.	20	1
Finistère. . . .	16	1	Sarthe	16	1
Gard.	12	1	Savoie. . . .	14	1
Gers	11	1	Seine-et-Marne.	13	1
Gironde.	14	1	Seine-et-Oise .	17	1
Haute-Garonne.	12	1	Seine-Inférieure.	15	1
Haute-Loire . .	10	1	Somme.	12	1
Haute-Marne .	12	1	Tarn.	11	1
Haute-Saône . .	11	1	Tarn-et-Garonne.	8	1
Haute-Savoie. .	19	1	Var.	12	1
Haute-Vienne.	11	1	Vaucluse. . . .	16	1
Hautes-Alpes. .	18	1	Vendée	14	1
Hautes-Pyrénées	14	1	Vienne	15	1
Ille-et-Vilaine.	14	1	Vosges.	16	1
Indre	22	1	Yonne	17	1

IMPRIMERIE A. LAHURE, RUE DE FLEURUS, 9, A PARIS.